Crônicas de uma
crise anunciada

Pedro Cavalcanti Ferreira
Renato Fragelli Cardoso

Crônicas de uma crise anunciada

FGV EDITORA

Copyright © 2016 Pedro Cavalcanti Ferreira e Renato Fragelli Cardoso

Direitos desta edição reservados à
EDITORA FGV
Rua Jornalista Orlando Dantas, 37
22231-010 | Rio de Janeiro, RJ | Brasil
Tels.: 0800-021-7777 | 21-3799-4427
Fax: 21-3799-4430
editora@fgv.br | pedidoseditora@fgv.br
www.fgv.br/editora

Impresso no Brasil | Printed in Brazil

Todos os direitos reservados. A reprodução não autorizada desta publicação, no todo ou em parte, constitui violação do copyright (Lei no 9.610/98).

Os conceitos emitidos neste livro são de inteira responsabilidade do(s) autor(es).

1ª edição — 2016

Preparação de originais: Sandra Frank
Revisão: Fatima Caroni
Projeto gráfico e diagramação do miolo: Mari Taboada
Capa design: Ana Couto Branding
Direção criativa: Ana Couto
Designer: Christiane Wun

Ficha catalográfica elaborada pela Biblioteca Mario Henrique Simonsen/FGV

Ferreira, Pedro Cavalcanti
    Crônicas de uma crise anunciada: a falência da economia brasileira documentada mês a mês / Pedro Cavalcanti Ferreira, Renato Fragelli Cardoso. – Rio de Janeiro : FGV Editora, 2016.
    248 p.

    Inclui bibliografia.
    ISBN: 978-85-225-1888-3

    1. Crise econômica – Brasil. 2. Brasil – Política econômica. 3. Política cambial – Brasil. 4. Política industrial - Brasil. 5. Política tributária – Brasil. 6. Educação e Estado – Brasil. I. Cardoso, Renato Fragelli. II. Fundação Getulio Vargas. III. Título.

CDD – 338.981

A Christiane, pelo amor e dedicação recebidos desde que comecei a estudar economia. A Filipe e Tomás, cujo futuro constitui a motivação para estes ensaios.

Para Ana, Bernardo e Júlia, pelas alegrias, parcerias e carinho.

SUMÁRIO

Prefácio: Armínio Fraga Neto   9

Introdução   13

2010: A polêmica da desindustrialização   19

2011: A ampliação do intervencionismo   39

2012: Dobrando a aposta   65

2013: O fracasso dá sinais   105

2014: O fiasco é claro, mas não para o eleitor   143

2015: A crise escancarada   181

Artigos avulsos   221

Sobre os autores   245

Agradecimentos   247

PREFÁCIO

Armínio Fraga Neto*

Acompanho de perto as trajetórias de Pedro Ferreira e Renato Fragelli desde seus tempos de estudantes no final dos anos 1980, Pedro na PUC e Renato na FGV. São economistas de mão cheia, com sólida formação analítica, respeito à evidência empírica e interesse nos temas que realmente importam para o pleno desenvolvimento social e econômico do Brasil.

Os textos que compõem este livro datam de 2010 até recentemente e correspondem às campanhas e aos governos da presidente Dilma Rousseff. Nesse período, foi dobrada a aposta na chamada "nova matriz econômica" – uma infeliz combinação de perda de disciplina macroeconômica e intervencionismo. Como bem relataram em tempo real os autores deste livro, tijolo a tijolo o atual governo construiu o atual estado de caótica ruína em que se encontra a economia brasileira.

Do lado macroeconômico, com a ênfase no estímulo à demanda através da expansão fiscal e de crédito dos bancos públicos, a inflação ameaça superar os 10% em 2015 e o saldo primário deve exibir um déficit superior a 1% do PIB, uma deterioração de mais de quatro pontos do PIB, ocorrida predominantemente nos últimos anos. Essa guinada foi precedida de uma perda de qualidade

---

* Arminio Fraga Neto é ex-presidente do Banco Central e sócio da Gávea Investimentos.

na contabilidade do gasto público e tem hoje reconhecido, pelo Tribunal de Contas da União, um fator adicional de incerteza.

Do lado da oferta, a atuação do governo vem trazendo crescentes custos que, em última instância, se manifestam num pífio crescimento da produtividade, que depende da quantidade e da qualidade do investimento na economia, ambos problemáticos no momento. Exemplos dessa tragédia podem ser encontrados em praticamente cada capítulo deste livro: o massacre da Petrobras, vítima de controles de preços e do novo marco do petróleo; o abuso das agências reguladoras; a má e custosa alocação de capital dos bancos públicos, especialmente do BNDES; a truculenta ação no setor elétrico; o isolamento da economia brasileira dos melhores padrões globais.

A captura do Estado por interesses políticos e privados representa hoje mais do que um obstáculo ao desenvolvimento do Brasil: representa um risco enorme de um colapso econômico e social inimaginável poucos anos atrás. Este risco pode ser entendido através dos fatores que determinam a evolução, no tempo, da dívida do governo. Quando a dívida cresce mais do que o PIB, como vem ocorrendo nos últimos anos, em algum momento a capacidade do governo de honrar seus compromissos passa a ser questionada.

A dívida pública cresce com o saldo primário e com o pagamento de juros. A irresponsabilidade fiscal do governo trouxe de volta um saldo primário negativo (que não se via há muito tempo) e reverteu a trajetória das taxas de juros, que pareciam caminhar para níveis mais normais após os esforços dos governos FHC e Lula até 2006, e agora atingem a casa dos 7% em termos reais. Tal combinação faz com que a relação dívida/PIB, de aproximadamente 70%, cresça cerca de seis pontos do PIB ao ano. Como o PIB passa hoje por um colapso, que deve se prolongar, o aumento da relação é ainda maior. E quando se leva em conta que, mesmo ao término dessa enorme recessão, não se pode esperar muito crescimento, o quadro fica ainda mais preocupante.

Espero que, daqui para frente, as lideranças do nosso país leiam e levem em conta não apenas os artigos reproduzidos neste livro, mas também os que vêm por aí, espero que por muitos anos.

Rio de Janeiro, 8 de novembro de 2015

INTRODUÇÃO

Em finais de 2015, o Brasil passava por sua pior crise econômica desde a recessão provocada pelo Plano Collor há um quarto de século. O produto caminhava para uma retração de 4%. O investimento e a produção industrial caíam há oito semestres, enquanto a taxa de desemprego se elevava mês a mês. A inflação anual já alcançara os dois dígitos. Tudo indica que a melhoria na distribuição de renda estava sendo parcialmente revertida.

A crise atual poderia ter sido evitada. Os problemas por que passa o Brasil não foram causados por choques externos, por crise internacional ou por qualquer força alheia ao controle do país. Foram problemas autoinfligidos. Começaram a ser gestados pela política econômica intervencionista adotada após a crise do *subprime* em 2008 e intensificada ao longo do primeiro governo de Dilma Rousseff.

O conjunto dessas políticas, que recebeu a alcunha de "nova matriz econômica", significou uma guinada de 180 graus em relação à rota seguida durante o governo Fernando Henrique Cardoso e o primeiro mandato de Luiz Inácio Lula da Silva. A racionalidade econômica que havia colocado o Brasil em uma saudável trajetória de crescimento e baixa inflação foi deliberadamente abandonada devido a um diagnóstico errado.

A nova matriz econômica consistiu na implantação de ideias gestadas em escolas de economia heterodoxas – principalmente

Unicamp, UFRJ e, em alguma medida, Eesp-FGV – ao longo de vários anos. Após ter sido defendida pela grande maioria dos economistas desenvolvimentistas, hoje muitos de seus inspiradores rejeitam sua paternidade. Afinal, como se diz popularmente, filho feio não tem pai. Havia quase unanimidade nesse campo a seu favor e mesmo um grande entusiasmo, dado que se esperava aceleração do crescimento, um grande ciclo virtuoso para a indústria nacional, bem como contínua redução da pobreza.

Seus principais itens eram a redução forçada da taxa de juros – que chegou a 7,25% ao ano em 2012 –, o controle da taxa real de câmbio, a expansão acelerada dos gastos públicos, os empréstimos do Tesouro aos bancos públicos, o aumento da proteção comercial, a ampliação das políticas industriais – via crédito subsidiado, isenções tributárias e favorecimento –, assim como o controle de preços de derivados de petróleo e da energia elétrica.

O experimento desenvolvimentista fracassou retumbantemente, como se sabe. Muitas das políticas foram gradualmente abandonadas ao longo do tempo, mas deixaram como herança uma enorme desorganização das contas públicas, o crescimento acelerado da dívida pública bruta, o abandono do tripé macroeconômico – metas de inflação, câmbio flutuante e superávit primário –, a estagnação da indústria, a deterioração acentuada do ambiente de negócios, o alto endividamento das empresas estatais – principalmente Petrobras e Eletrobras –, entre outras mazelas que acabaram desaguando na perda do grau de investimento. Tratou-se de uma constatação nítida e bastante dolorosa da inconsistência das ideias heterodoxas.

Sem querer ser pedantes ou cabotinos, não foi por falta de aviso que o Brasil chegou à situação atual. Essa coleção de artigos publicados no jornal *Valor Econômico* não teve como objetivo primário, quando do início de sua publicação em março de 2010, a discussão das ideias desenvolvimentistas ou a crítica da política econômica adotada no período. Buscava-se discutir a realidade econômica brasileira, em linguagem acessível ao público não especializado, utilizando conceitos e avanços da moderna teoria econômica dominante. Escritas por macroeconomistas com pesquisas em teoria monetária, crescimento econômico e desenvolvimento, temas nestes campos foram inicialmente dominantes nas crônicas.

À medida que a política econômica implantada no período passou a contrastar crescentemente com as ideias apresentadas nos artigos, sentimo-nos obrigados a apontar para os leitores do *Valor Econômico* as inconsistências das ações governamentais em curso. A partir de certo momento, quase a totalidade de nosso espaço foi dedicada àquela empreitada. Obviamente, não estávamos sozinhos, mas desde muito cedo cumprimos nossa missão de alertar para o perigoso caminho adotado. Diante de suas profundas incongruências, aquela política econômica não tinha a menor chance de dar certo.

Alguns temas, dada sua importância, foram recorrentes. Por exemplo, em um bom número de artigos, chamamos atenção para o fato óbvio de que a taxa real de câmbio e os juros reais são preços determinados por inúmeras forças de mercado – sendo uma das principais a taxa de poupança doméstica. Como tal, estão fora do controle dos formuladores de políticas nos médio e longo prazos. Infelizmente, muitos economistas teimavam e ainda teimam em ignorar fatos tão simples. Alguns dos principais fundamentos da nova matriz econômica não levavam em conta premissas elementares como essas. Uma teoria equivocada leva a um diagnóstico errado que, uma vez implantado, gera resultados desastrosos para a economia.

Outro exemplo está ligado à atuação dos bancos públicos, em especial do BNDES. Já em nossos primeiros artigos, chamávamos a atenção para o fato de que não compete ao Estado escolher quais serão as empresas vencedoras da economia. A atuação de um banco de desenvolvimento estatal deveria focar-se sobre os setores geradores de externalidades positivas para o resto da economia. Ao conceder à larga créditos subsidiados ao longo dos últimos seis anos, o BNDES deixará um legado penoso, na forma de gastos a serem cobertos pelo Tesouro por muitos anos à frente. Não menos importante foi a contribuição do banco para inibir o desenvolvimento do mercado de capitais. Tudo sem o crivo de instrumentos de avaliação de resultados.

Finalmente, ao longo desses seis anos chamamos bastante a atenção para avanços recentes do conhecimento, em nossas áreas de estudo, que, de uma forma ou de outra, estão por trás de muitos de nossos artigos e de nosso pensamento.

A teoria moderna do crescimento econômico tem enfatizado que a diferença de renda entre países não decorre somente de disparidades na taxa de investimento e do estoque de capital instalado no país. Há de se levar em conta o nível de capital humano de cada país, conceito que representa o nível médio de educação, experiência profissional e habilidades da força de trabalho. Igualmente importante é a "produtividade total dos fatores" (PTF), expressão utilizada pelos economistas para denominar o nível de eficiência geral da economia. A PTF sumariza o ambiente econômico, as instituições e incentivos embutidos na regulação, a estabilidade das regras, a estrutura tributária, o grau de abertura econômica, a complexidade burocrática, para citar apenas os principais fatores que estimulam ou inibem a eficiência produtiva numa economia.

No caso brasileiro, como já bem estabelecido em diversos estudos acadêmicos, o principal fator explicativo do atraso do país em relação aos países ricos não é tanto uma insuficiência de capital físico resultante de baixo investimento. É, principalmente, a deficiência de capital humano e a baixa PTF, ou seja, o país é pobre porque sua mão de obra é pouco qualificada e organiza muito mal seu sistema produtivo. Qualificação da mão de obra e organização do sistema produtivo deveriam constituir as prioridades de uma política voltada para promover o crescimento, em contraste com a tentativa atabalhoada (e frustrada) de aumentar a taxa de investimento a qualquer custo. Embora, hoje, tenha-se tornado lugar--comum falar da baixa produtividade brasileira, essa constatação pouco chamava a atenção de analistas há poucos anos.

Outro fato que procuramos realçar foi a transformação estrutural por que passam as economias capitalistas, ao longo do processo de desenvolvimento. Na primeira fase, ocorre a gradual migração de mão de obra oriunda da agricultura de baixa produtividade em direção à indústria. Numa segunda etapa, a indústria perde parte de sua mão de obra, que migra para o setor de serviços. Esse padrão foi observado em todas as economias hoje ricas. Ora, se o setor de serviços será o dominante no futuro, a ênfase das políticas setoriais deveria estar na melhoria da produtividade nesse setor – que é muito baixa no Brasil –, e não em políticas industriais. Políticas voltadas para o setor de serviços envolveriam educação, treinamento, implementação de um sistema tributário adequado, entre outras ações.

Ao insistir numa política industrial calcada no velho conceito da indústria nascente, o Brasil desperdiçou recursos para dar sobrevida artificial a setores inviáveis. Em alguns casos, como na tentativa de ressuscitar a indústria naval, repetiram-se os mesmos erros cometidos no passado, numa melancólica demonstração de que o país não conseguiu aprender sequer com sua própria experiência.

Enfim, os artigos aqui reunidos não consistem em mais uma simples apresentação de uma visão liberal da economia, como alguns poderiam considerá-los. Trata-se da análise da realidade brasileira utilizando avanços recentes e estabelecidos do conhecimento econômico acadêmico.

A teoria econômica identifica situações em que o livre funcionamento dos mercados não leva ao melhor equilíbrio econômico, como diante de externalidades, ganhos de escala, barreiras naturais à entrada de novos competidores, assimetrias informacionais, para citar os mais usuais fatores. Nesses casos, a omissão do Estado leva a ineficiências, distorções alocativas, concentração de renda e outros males.

Mas as intervenções levadas a cabo no passado recente brasileiro elevaram as distorções – por exemplo, mediante aumento da proteção comercial e congelamento de preços. Em muitos casos –

como na atuação do BNDES –, além de aumentar as distorções, a ação do Estado concentrou renda e beneficiou os ricos acionistas das empresas contempladas por créditos subsidiados ou isenções. Foram intervenções erradas e mal implantadas, sem qualquer embasamento teórico sólido, como buscamos mostrar, desde 2010, em nossos artigos no *Valor Econômico* agora reunidos neste livro.

2010
A POLÊMICA DA DESINDUSTRIALIZAÇÃO

Câmbio, poupança e os vendedores de ilusão

29/1/2010

Muitos economistas têm defendido a adoção de uma taxa real de câmbio desvalorizada como estratégia de desenvolvimento, no intuito de preservar a competitividade de vários setores industriais nacionais ameaçados pela valorização cambial. Como exemplo de sucesso a ser copiado, apresentam os países asiáticos, onde o acelerado crescimento econômico vem acompanhado de uma taxa real de câmbio competitiva, sem pressão inflacionária. Teria o Brasil condições de emular a estratégia asiática, sem provocar a elevação da inflação?

A resposta à pergunta acima é categoricamente negativa, pois o modelo asiático está calcado em uma alta taxa de poupança doméstica, inexistente no Brasil. É importante compreender por que, de posse de uma poupança doméstica elevada, os bancos centrais asiáticos conseguem facilmente manter a taxa real de câmbio desvalorizada sem provocar inflação. Um banco central que decida manter a taxa real de câmbio mais desvalorizada do que o determinado pelo mercado precisará comprar dólares dos exportadores. Se as compras forem pagas com emissão monetária, cedo ou tarde surgirão pressões inflacionárias. A fim de evitar a inflação, a emissão monetária decorrente da acumulação de divisas terá de ser esterilizada mediante venda de títulos do próprio banco central – ou de títulos do governo que estejam em seu ativo. Quando a poupança doméstica é alta, esses títulos são facilmente colocados no mercado interno, mesmo a taxas de juros baixas, pois há poupadores dispostos a comprá-los. Entretanto, diante de uma poupança doméstica baixa, o banco central não consegue neutralizar a pressão monetária provocada pela acumulação de divisas, gerando inflação.

Como exemplo de comparação com o caso brasileiro, tome-se a China, país cuja poupança doméstica – pública mais privada – alcança 45% do PIB, enquanto no Brasil ela é de apenas 17%. A poupança pública chinesa é elevada por dois motivos. Primeiro porque o governo não precisa arcar com elevadas despesas previdenciárias, pois lá não existe um programa previdenciário em regime de repartição deficitário como aqui. No Brasil, diferentemente, apesar de sua população relativamente jovem, os gastos com aposentadorias e pensões – INSS e servidores públicos –, transferem a gigantesca fração de 12% do PIB às famílias, equivalente a um terço da enorme carga tributária de 36% do PIB brasileiro.

O segundo motivo é o fato de que, nos principais setores da economia chinesa, há uma empresa hegemônica estatal que, por operar como monopolista – ou quase isso – tem alta margem de lucro, que contribui para a poupança pública. Vale lembrar que, num país com mercado de capitais em estágio embrionário, é natural que as empresas estatais chinesas dependam de lucros retidos para financiar seus investimentos. Ademais, num regime politicamente fechado como o chinês, o governo desconsidera pressões populares por redução de margens de suas estatais. O mesmo fenômeno se observava na década de 1970, no Brasil. No Brasil democrático atual, as estatais são frequentemente chamadas a dar sua contribuição para a redução das pressões inflacionárias, diminuindo a poupança pública.

Quanto à poupança privada chinesa, ela é alta porque a inexistência de um sistema previdenciário público estimula a poupança pessoal. Diante da perspectiva de insuficiência de renda na velhice, o chinês humilde que migrou do interior para trabalhar nas grandes cidades opta voluntariamente por poupar metade de sua renda do trabalho. Como consequência, o consumo pessoal chinês é de apenas 35% do PIB, cerca de metade da fração observada no Brasil.

Os chineses poupam muito, e os brasileiros, muito pouco. Isso não ocorre porque os brasileiros são intrinsecamente diferentes dos chineses, mas porque reagem a incentivos econômicos muito distintos. Um trabalhador brasileiro de baixa renda, caso atue no setor formal, não tem estímulo a poupar, pois receberá aposentadoria integral do INSS. Se estiver no setor informal, terá direito ao Loas, um benefício mensal de um salário mínimo – equivale a mais de um terço da renda *per capita* nacional –, mesmo que nunca tenha contribuído para o INSS. No caso do trabalhador de classe média, se for servidor público, não terá incentivo a poupar, pois receberá aposentadoria integral. Somente os trabalhadores da classe média alta do setor privado têm incentivos a poupar, pois receberão do INSS uma renda mensal inferior ao salário pré-aposentadoria.

Os dólares comprados pelo Banco Central chinês são aplicados no exterior, sobretudo em títulos da dívida pública norte-americana, o que explica as gigantescas reservas internacionais chinesas. Do ponto de vista macroeconômico, o Banco Central chinês atua como um intermediário financeiro entre o poupador chinês e o Tesouro norte-americano. Isso significa que, no futuro, quem pagará a aposentadoria do trabalhador chinês que hoje poupa metade de sua renda será o contribuinte norte-americano das próximas décadas.

O Brasil só poderia cogitar uma estratégia de crescimento do tipo asiática se adotasse medidas destinadas a aumentar significativamente a poupança doméstica. Mas isso exigiria um novo pacto intergeracional completamente distinto daquele fixado pela Constituição de 1988. As gigantescas pressões pelos aumentos de gastos sociais observados nas duas últimas décadas, a resistência à reforma de nosso sistema previdenciário concentrador de renda, o tabu em relação à cobrança de mensalidade no ensino superior público, para citar apenas alguns exemplos de compromissos constitucionais do Tesouro, refletem a opção da sociedade brasileira por um modelo de desenvolvimento distinto do asiático.

O espetacular crescimento dos tigres asiáticos baseou-se na conjugação de enorme taxa de poupança doméstica, elevado investimento em educação e em infraestrutura, e economia aberta ao comércio internacional. Ao benefício do crescimento acelerado e baixa inflação correspondeu o sacrifício do adiamento do consumo, o esforço educacional e a resistência aos *lobbies* protecionistas.

Os entusiastas do modelo de crescimento econômico asiático deveriam apresentar também seus custos. Não podem vender ilusões à sociedade brasileira. Além da valorização cambial, há outras dificuldades enfrentadas diariamente pelos empresários brasileiros, como a voracidade tributária do Estado, o cipoal de regulações impostas por diversos órgãos das três esferas de governo, os achaques de fiscais que vendem facilidades criadas por aquelas regulações, a má qualidade da mão de obra, a lentidão da Justiça, o elevado *spread* bancário, para citar apenas algumas.

Por que eleger a taxa de câmbio a solução miraculosa de toda essa gama de distorções resumida na expressão "custo Brasil"? Em vez de apresentarem o câmbio real desvalorizado como o ovo de Colombo do crescimento, a fórmula mágica e indolor que geraria crescimento sem sacrifícios, eles deveriam defender as eternamente adiadas reformas estruturais destinadas a aumentar a poupança – pública e privada – no Brasil.

Política cambial, desindustrialização e crescimento

29/3/2010

No Brasil, muitos economistas sustentam que a política cambial seria um importante instrumento de promoção do desenvolvimento, pois permite às empresas nacionais competir com outras do resto do mundo, estimulando-as a adotar tecnologias de ponta. A suposta sobrevalorização da taxa de câmbio enfrentada no momento teria, segundo essa visão, efeitos de longo prazo nefastos sobre a economia. A principal ameaça seria a desindustrialização – muitas vezes descrita como um retorno à economia agrária – que acabaria por reduzir o ritmo de crescimento da economia brasileira. Note-se que o argumento apresenta desenvolvimento da indústria e desenvolvimento do país como se fossem a mesma coisa.

Segue-se desse raciocínio que, para se desenvolver, o Brasil precisaria reverter a tendência à sobrevalorização da taxa de câmbio. Supostamente, essa estratégia teria sido a adotada pelos países emergentes que mais rapidamente crescem. A tendência à sobrevalorização resultaria tanto da doença holandesa – entrada de divisas devido às exportações de *commodities* – como do fluxo de investimentos externos causados pelas altas taxas de juros e retorno do capital superior ao observado no resto do mundo.

Embora a tese do vínculo entre desenvolvimento de longo prazo e câmbio desvalorizado conte com muitos adeptos, ela não tem sustentação empírica. Ao contrário, na extensa literatura do campo de crescimento, evidências nessa direção são exceções e não se sustentam ante os mais básicos testes estatísticos e perturbações nos modelos utilizados para estimá-las.

Não por acaso, a profissão vem dando escassa atenção ao tópico fora do Brasil. Por exemplo, em todos os 28 capítulos e cerca de 1.800 páginas dos dois volumes do *Handbook of economic growth* – o mais importante resumo do estado da arte no campo – não há nenhum capítulo dedicado à política cambial, uma indicação de que o consenso é de sua pouca importância na determinação do crescimento. Nas poucas páginas dedicadas ao tópico, em um artigo do economista Willian Easterly, da Universidade de Nova York, o autor não encontra relação robusta entre valorização/desvalorização cambial e crescimento econômico. Esse artigo é uma resenha sobre políticas públicas e crescimento econômico, utilizando uma extensa base com dados de inúmeros países e cobrindo muitos anos, bem como diferentes metodologias econométricas. Na maioria das regressões, o impacto do câmbio sobre o crescimento não é significativo e, nas poucas regressões em que o é, a associação entre as duas variáveis depende, em grande medida, de valores extremos, desaparecendo quando são retirados da amostra.

O artigo de Easterly não é o único nem o primeiro a chegar a essa conclusão. O mesmo autor, em outro trabalho de 2002 com Ross Levine, buscou identificar a importância relativa das instituições, da política econômica, bem como da geografia para o desenvolvimento de longo prazo. O principal resultado é que, quando se incluem nos testes empíricos variáveis representativas do impacto das instituições sobre a economia, não se encontra qualquer evidência de que a política cambial afete o desenvolvimento econômico. Isso sugere que aqueles poucos estudos que encontraram relação entre desenvolvimento de longo prazo e desvalorização cambial não se sustentam em um modelo mais geral que inclua variáveis representativas de garantias de contrato ou de limites ao poder do Executivo, por exemplo.

Outros estudos clássicos que investigam de forma mais geral a robustez de regressões de crescimento também não indicam relevância do câmbio. Dessa forma, pode-se sumarizar os resultados dizendo que a evidência de relação entre crescimento e taxa de câmbio é nula ou muito fraca, além de certamente pouco robusta. Ainda assim, poder-se-ia afirmar que o impacto da desvalorização cambial sobre a produção manufatureira, por ser real no curto prazo, teria efeitos mais sutis e de longo prazo difíceis de captar com os usuais testes econométricos. Entretanto, um olhar casual sobre o crescimento industrial brasileiro (antes da atual crise econômica) revela que, em um período no qual o câmbio se valorizou intensamente (2002-2008), não há qualquer evidência de desindustrialização ou de especialização em setores de baixa tecnologia.

Utilizando-se uma série de câmbio real que leva em conta uma cesta de moedas disponível no Ipeadata, verifica-se que, entre 2002 e agosto de 2008, o real valorizou-se cerca de um terço em relação ao valor inicial da série. No mesmo período, segundo os dados do PIB trimestral calculado pelo IBGE, o setor industrial cresceu 33% e, conforme a PIM/IBGE, a produção da indústria de transformação elevou-se em 34%. De acordo com esta última pesquisa, a produção do setor de bens de capitais quase que dobrou (+ 95%), a de máquinas e equipamentos elevou-se em 66%, e a de material eletrônico e de comunicação em 30%. Esses setores são todos de alta tecnologia. Conclui-se que a valorização do câmbio no período não foi acompanhada por queda da produção industrial – que, muito pelo contrário, cresceu rapidamente – nem, muito menos, por retração da produção nos setores com alto conteúdo tecnológico. Esses, como vimos, expandiram-se de forma acelerada.

Obviamente essa correlação positiva entre valorização do câmbio e crescimento industrial não implica causalidade. Somente indica que, pelo menos no passado recente, a valorização cambial não foi capaz de impedir a expansão da produção manufatureira brasileira e, muito menos, a de setores tecnologicamente avançados. Trata-se de um forte indício de que não é necessário câmbio desvalorizado para manter competitivas as empresas nacionais, já que essas tiveram um desempenho espetacular quando o câmbio estava valorizado. Em nosso entender isso indicaria não haver qualquer evidência de doença holandesa – entendida como impacto negativo, sobre produção industrial, do câmbio valorizado devido à exportação de commodities – ou de que, por qualquer outra causa – como populismo cambial, juros altos etc. –, a competitividade industrial tenha sido afetada pelos movimentos da taxa de câmbio.

A má notícia é que, no longo prazo, a indústria tende a perder participação relativa no produto. Isso ocorreu em todas as nações hoje desenvolvidas, pois, à medida que a população se torna mais rica, consome relativamente menos bens agrícolas e, em um segundo estágio, menos bens manufaturados. Isso não implica queda absoluta ou redução do produto e/ou emprego industrial, mas tão somente que em países ricos o setor de serviços acaba sendo dominante. A questão relevante é se, no Brasil, esse estágio será alcançado com eficiência ou se o inevitável crescimento do setor terciário brasileiro se dará com baixa produtividade e mera incorporação de uma mão de obra pouco qualificada. Esse nos parece um tópico muito mais relevante na determinação do desempenho do país no longo prazo que a política cambial.

Reformas institucionais e educação

28/5/2010

Teorias antigas de crescimento econômico enfocavam, quase que inteiramente, os investimentos em capital físico – máquinas, equipamentos e estruturas – como o motor do desenvolvimento de longo prazo das nações. Esse tipo de teoria gera, como contrapartida de política econômica, incentivos à formação bruta de capital, programas de poupança forçada, créditos fiscais e, na arena global, programas internacionais de empréstimos/doações por organismos multilaterais destinados a aumentar investimentos nos países pobres.

As teorias modernas levam em conta não apenas as dotações de fatores de produção de uma economia – terra, trabalho de diferentes níveis educacionais e capital – mas também as condições institucionais, tecnológicas e políticas que determinam a eficiência com que esses fatores interagem ao serem empregados na produção. Em particular, exercícios baseados nessas novas teorias permitem a decomposição da diferença de renda *per capita* existente entre um país rico e um pobre, identificando-se quanto da pobreza deste se deve, de um lado, à ineficiência geral de sua economia, e quanto decorre, de outro lado, da insuficiência de capital e da baixa escolaridade.

Comparando-se duas economias que disponham das mesmas dotações de fatores de produção, o PIB será maior naquela que apresentar a maior eficiência geral no uso dos fatores – ou, no jargão dos economistas, a maior produtividade total dos fatores. A produtividade total é baixa em países onde os incentivos que norteiam os agentes econômicos – trabalhadores, empresários, governo etc. – desestimulam o aumento da produção. Entre os principais fatores que contribuem para uma baixa produtividade total destacam-se: instabilidade macroeconômica, alta carga tributária, incerteza jurídica, burocracia, legislação que estimula conflitos em vez do acordo entre as partes, tolerância com *lobbies*, barreiras à adoção de tecnologias (ou à sua criação) e ao fluxo internacional de mercadorias.

A estimativa do valor da produtividade total dos fatores nos diversos países se faz a partir de suas dotações de fatores e dos PIBs. Para cada país, a dotação de capital é estimada a partir da acumulação de investimentos passados, deduzida a depreciação; a dotação de trabalho é decomposta em uma parcela quantitativa – o tamanho da população economicamente ativa – e outra qualitativa – o número médio de anos de escolaridade da referida população. A partir de cálculos baseados em dados do Banco Mundial, verifica-se que a produtividade total brasileira é 63% da norte-americana. Já o PIB por trabalhador – medido em paridade de poder de compra, de modo a gerar valores comparáveis entre países – corresponde a 22% do observado naquele país.

De acordo com os valores acima, se o Brasil empreendesse um ambicioso programa de investimentos que conseguisse elevar o estoque de capital por trabalhador ao nível observado nos EUA e, adicionalmente, aprimorasse a educação básica até alcançar a escolaridade média dos trabalhadores norte-americanos, então o PIB por trabalhador do Brasil subiria de seu atual valor de apenas 22% para 63% do observado nos EUA. Esse número mostra que a diferença de PIB por trabalhador, que continuaria a se observar entre o Brasil e os EUA, mesmo após a implantação de vultosos programas de investimento e educacionais (que exigiriam recursos gigantescos), ainda seria de 37%. Essa é a parcela da diferença de renda *per capita* entre os dois países que se deve à baixa eficiência observada no Brasil. Ela decorre de falhas institucionais cuja superação dependeria, basicamente, de diagnóstico correto e vontade política, não de mais recursos.

Por outro lado, o salto de 22% para 63% estimado quando trocamos capital e educação brasileira pela norte-americana indica que há muito a ganhar também com acumulação de fatores de produção. Estimativas razoavelmente confiáveis indicam que 28% dessa variação de 41% se devem à baixa escolaridade, e apenas 13% à insuficiência de capital.

Em resumo: o grosso da enorme diferença de renda *per capita* entre o Brasil e os EUA se deve à ineficiência produtiva e à baixa escolaridade; muito pouco à escassez de capital.

Uma discussão racional sobre que tipo de política econômica deve ser adotada a fim de estimular o crescimento de longo prazo do país deveria partir de estimativas objetivas como as apresentadas acima. O que está faltando para que o Brasil cresça mais rapidamente? Seria uma política cambial agressiva, voltada para a proteção da indústria nacional? Seria um banco estatal de fomento que destina recursos públicos – num país de renda média onde a exação fiscal já monta a 37% do PIB – para subsidiar a formação de grandes conglomerados verde-amarelos, cujos proprietários podem mudar de coloração no futuro? Ou seria a melhoria do ambiente de negócios, aperfeiçoando-se o sistema regulatório e enfrentando-se os grupos de pressão que se beneficiam dos cartórios e pedágios que grassam em vários setores da economia nacional? Ou então um foco na educação básica, não apenas em termos quantitativos, mas sobretudo qualitativos?

Por que subsidiar o capital?

22/7/2010

Em artigo anterior (*Valor*, 28/5/2010), argumentamos com dados que a maior parte do atraso brasileiro em relação aos países mais ricos deve-se à ineficiência geral da economia e à baixa escolaridade da população. Juntos, os dois fatores explicam cerca de 85% da diferença entre a renda *per capita* do Brasil e a dos EUA; os 15% restantes se devem à insuficiência de capital. Entretanto, mesmo não sendo a insuficiência de capital o principal entrave ao avanço do país, as políticas de promoção do crescimento em vigor teimam em repetir a mesma estratégia adotada nas décadas de 1950 a 1970, priorizando volumosos – e custosos – financiamentos à acumulação de capital.

Em artigo recente, Mansueto Almeida, economista do Ipea, estimou em cerca de R$ 10 bilhões o volume anual de subsídio concedido pelo BNDES a empresas. Só para efeito de comparação, o programa Bolsa Família, que atende 12 milhões de famílias pobres, custa R$ 13 bilhões anuais. O subsídio é caracterizado pelo fato de que o financiamento da dívida do governo federal – único acionista do BNDES – gira em torno da taxa Selic (10,25% ao ano ontem), enquanto o banco empresta às firmas a TJLP (6% ao ano).

Em contraste com os critérios transparentes adotados pelo governo federal na concessão do Bolsa Família, o BNDES, ao definir quais setores e empresas terão acesso a seus créditos subsidiados, segue critérios obscuros. Dado que os principais beneficiados dos empréstimos são grandes conglomerados, trata-se de uma brutal transferência de recursos de todos os brasileiros para os acionistas dessas empresas. Os financiamentos a TJLP constituem hoje um Bolsa Família às avessas, e as recentes capitalizações do banco – R$ 180 bilhões – indicam que a benesse para poucos tende a se expandir.

Subsídios creditícios a grandes conglomerados, além de contribuírem para agravar a má distribuição de renda, desestimulam o desenvolvimento do mercado de capitais e geram pouco incentivo a investimentos em aprimoramento tecnológico, pois a defasagem tecnológica que reduz a rentabilidade é compensada pelo subsídio. Não há evidência de que empresas "campeãs" escolhidas por sábios tecnocratas, ou grandes oligopólios, sejam mais eficientes do que empresas menores.

Ao contrário, a evidência mostra o oposto. Causa surpresa, portanto, que economistas supostamente progressistas insistam em defender políticas que são ineficazes para promoção do crescimento e que transferem renda aos mais ricos.

Uma boa política econômica precisa ponderar custos e benefícios ao estabelecer suas prioridades. Se, por exemplo, o objetivo é a geração de empregos, deve-se verificar se o número de postos de trabalho a serem criados pelo subsídio supera o de postos destruídos pela tributação que custeia os subsídios. A tolerância – ou até mesmo simpatia – da sociedade em relação ao crédito público subsidiado decorre do fato de que os empregos criados são facilmente observáveis, pois concentram-se no setor escolhido pela tecnocracia, ao passo que os empregos destruídos são de difícil identificação, pois estão dispersos nos setores onerados pelo imposto que financia o subsídio.

A pesada estrutura tributária brasileira, com seu cipoal de impostos e contribuições sobre as mais diversas bases de incidência, inviabiliza hoje incontáveis empreendimentos. Ela é responsável, em larga medida, pelo tamanho exagerado da economia informal no país. Firmas informais tendem a ser menos produtivas, pois não têm acesso a crédito, o que as impede de investir em avanços tecnológicos, além de sofrerem com a alta rotatividade da mão de obra. No caso das empresas grandes, a tributação excessiva incentiva a concentração em poucas companhias, cujo poder de mercado permite a convivência com a exação fiscal. A menor competição desestimula os ganhos de produtividade.

O caminho para o crescimento está no foco em políticas que visem aumentar a eficiência geral da economia e que atinjam os agentes econômicos de forma mais equânime. São medidas institucionais de micro (e algumas macro) reformas voltadas para a redução de distorções. Exemplos urgentes são a redução da tributação sobre a folha salarial e sobre investimento, bem como eliminação de impostos em cascata. Uma estrutura tributária mais enxuta e menos distorcida incentivaria o investimento e a formalização. O resultado seria maior crescimento, com a vantagem de que todas as empresas, de todos os setores, se beneficiariam, e não um grupo específico escolhido segundo critérios questionáveis.

É curioso que a mesma tributação elevada que contribui para que muitas empresas se mantenham na informalidade seja usada para subsidiar as grandes. Tirar de quem não tem para dar a quem tem. Será que isso é que se entende por ideias desenvolvimentistas?

Desindustrialização e o pato Donald

3/9/2010

A despeito da celeuma recente sobre uma suposta desindustrialização do país, não há evidência forte de que isso venha ocorrendo. Ao contrário, a indústria nacional tem crescido a taxas bastante altas. Isso não impediu aqueles que sempre preconizaram a desvalorização cambial como estratégia para combater os efeitos nefastos da desindustrialização de insistir os mesmos argumentos, agora como medida de combate aos supostos efeitos negativos da "reprimarização" da pauta de exportações.

Os efeitos presumidamente negativos das exportações de *commodities* sobre a economia brasileira carecem de base empírica e teórica, bem como agridem o bom senso. Não há estudos relevantes estimando o efeito da composição da pauta de exportação sobre crescimento. Pode-se identificar a origem dessa ideia na tradição do pensamento dito "desenvolvimentista". A premissa – ou dogma – é que a indústria seria (sempre) o setor mais dinâmico da economia, aquele em que se daria a adoção e criação de novas tecnologias, o setor que puxa a reboque os outros. Uma vez aceita essa hipótese, segue-se, como prescrição de política econômica, que qualquer fator que pareça prejudicar a indústria – valorização cambial, abertura comercial, juros elevados etc. – deveria ser "corrigido" o mais rapidamente possível, independentemente dos custos implicados por tal decisão sobre o resto da economia.

A ênfase excessiva na industrialização ignora dois fatos importantes. O primeiro é que inovação tecnológica não é prerrogativa do setor industrial. Numa semente de soja produzida no cerrado há embutidos bilhões de dólares em pesquisa desenvolvida pela Embrapa e empresas privadas. A tecnologia gerada por essas pesquisas foi responsável por um espetacular aumento de produtividade de muitas outras culturas no país, bem como da agroindústria. As exportações agrícolas dispararam não só porque a demanda externa cresceu, mas porque o Brasil tornou-se tecnologicamente avançado e altamente competitivo.

O segundo fato ignorado é que, ao longo de suas trajetórias de crescimento, os países sofrem uma transformação estrutural em que o trabalho é inicialmente realocado da agricultura para indústria – tal como na China atual e no Brasil dos anos 1950 a 1970 – e, posteriormente, da indústria para os serviços. Na Espanha, por exemplo, entre 1960 e 2000, o emprego na agricultura caiu de 42% do total para 7%; na indústria, de 34% para 30%; enquanto no setor de serviços, saltou de 24% para 63%. Na Bélgica, no mesmo período, o emprego na agricultura caiu de 29% do total para 2%; na indústria de 28% para 23%, enquanto nos serviços cresceu de 43% para 75% do total. Números semelhantes se observam nos países mais avançados do planeta.

Há cerca de 20 anos, as ações da U.S. Steel foram substituídas pelas da Walt Disney no índice Dow Jones. Isso não significa que, para a economia americana, uma chapa de aço seja menos importante que o pato Donald ou o Buzz Lightyears. Mas constitui um sinal da influência do setor de entretenimento e, de forma mais geral, do setor de serviços no PIB americano.

Uma inexorável consequência do crescimento do setor de serviços é o fato aritmético de que a produtividade média da economia e sua taxa de crescimento serão largamente influenciadas, senão determinadas, pelo que ocorre nesse setor. O desempenho da indústria continuará a impactar positivamente muitos subsetores do terciário, mas é pouco provável que um setor que tende a recuar para 20% da economia determine o desempenho agregado.

Aqui se encontra um grave problema brasileiro: nos anos recentes, o setor terciário cresceu a uma taxa muito baixa em comparação tanto com outros países quanto com outros setores domésticos. No início dos anos 1950, segundo dados do Groningen Growth and Development Centre, a produtividade do setor de serviços (excluindo o setor público) no Brasil era de cerca de um quarto da observada nos EUA. Se isso já era ruim, em 2005 a situação tornou-se bem pior: a produtividade média caiu para cerca de um décimo da americana! Em termos relativos, andamos para trás, pois enquanto a produtividade no setor terciário americano aumentou 250% no período, aqui cresceu menos de 20%.

Em resumo, como em todos os países de renda média e alta, o Brasil tende a se tornar uma economia com predominância do setor de serviços, mas é justamente nesse setor que a produtividade está quase estagnada. Os economistas brasileiros não têm se dedicado ao estudo do setor terciário com a mesma intensidade que estudam a indústria e a agricultura. Não será advogando políticas que somente beneficiam a indústria, ou criando falsos problemas como a "reprimarização" da pauta de exportações, que se conseguirá acelerar o crescimento futuro do país. É preciso identificar o que fazer para que, em alguns anos, o Cebolinha e a turma da Mônica façam parte do Ibovespa, isto é, como aumentar o dinamismo e a produtividade dos setores de entretenimento, comércio, transporte, turismo, entre outros.

2011

A AMPLIAÇÃO DO INTERVENCIONISMO

Os três governos de Lula

31/1/2011

Segundo muitos analistas econômicos, a condução da política econômica do governo Lula se dividiria em dois períodos distintos. O primeiro coincidiria com a gestão de Antonio Palocci no Ministério da Fazenda, quando o conservadorismo fiscal marcou a macroeconomia, enquanto a ousadia restringiu-se à microeconomia, tendo-se implantado importantes reformas em várias áreas, notadamente a do crédito.

No segundo período, quando Guido Mantega substituiu Palocci, teria sido inaugurada uma postura fiscal mais frouxa, com uma agenda microeconômica tímida e um viés desenvolvimentista. Em comum aos dois períodos destacar-se-iam as políticas sociais agressivas – expansão do programa Bolsa Família, aumentos reais do salário mínimo, por exemplo – e a preservação da herança bendita do governo FHC, resumida no tripé superávit primário com câmbio flutuante e regime de metas de inflação.

A divisão acima é muito simplista, pois o período que coincide com a gestão Mantega deve ser dividido entre os subperíodos pré e pós-crise de 2008. Após a saída de Palocci, em março de 2006, houve um afrouxamento da política fiscal e arrefecimento das reformas microeconômicas, mas não a ponto de comprometer a trajetória anterior. Fragilizado pelo escândalo do mensalão, o governo buscou apoio junto à sua clientela política, o que implicou mais concessões aos servidores públicos e maiores correções do salário mínimo. Reduziu-se a velocidade do barco, mas se preservou seu rumo anterior.

A crise de 2008, entretanto, forneceu o pretexto para avalizar uma violenta inflexão que perdurou até o fim do segundo mandato de Lula. A postura fiscal após a crise de 2008, que muitos consideraram uma mera intensificação das políticas inauguradas em 2006, consistiu numa abrupta guinada ditada por motivos ideológicos e não apenas econômicos. O diagnóstico era de que a crise havia desmascarado a farsa do Estado enxuto, o embuste do modelo neoliberal. Em vez de uma política fiscal transitoriamente expansionista justificada pela crise, aumentaram-se gastos permanentes em consonância com a visão de que, no novo mundo pós-crise, o Estado passaria a ocupar perenemente uma fatia maior da economia.

O novo papel do Estado, num mundo em que o neoliberalismo teria sido derrotado, inspirou uma série de políticas gestadas fora do Ministério da Fazenda. A mudança do marco regulatório do petróleo, caracterizada pela deliberada hipertrofia da Petrobras, sinalizou uma volta aos anos 1970, em que o Estado liderou diretamente os grandes investimentos. A ressurreição da agonizante Telebras, ainda que em sua nova roupagem de provedora de banda larga, mostrou que o Estado empreendedor estava de volta. Por pouco não se criou uma grande empresa estatal na área de seguros.

Mas a grande novidade na fase pós-crise foi a ressurreição do nacional-desenvolvimentismo. Não apenas a Petrobras seria mais estatal do que antes, como passaria a atuar como geradora de externalidades para a indústria brasileira, incentivando setores específicos independentemente dos custos incorridos, conforme atesta a queda de 30% do valor de suas ações. Os bancos públicos foram instados a expandir o crédito em ritmo inédito, recuperando o espaço perdido para os bancos privados ao longo dos anos de dieta. As sucessivas capitalizações do BNDES – em torno de 7% do produto interno bruto (PIB) – abriram portas para a distribuição de generosos subsídios a setores e empresas escolhidos por sábios tecnocratas guiados por critérios pouco claros.

No início de 2010, a economia já dava sinais de rápida recuperação, o que deveria ter resultado numa reversão da política fiscal expansionista implantada no ano anterior. Mas a necessidade de eleger uma candidata sem experiência nas urnas motivou a ampliação adicional dos gastos. A fim de manter as aparências de responsabilidade fiscal, num criativo malabarismo contábil, a capitalização da Petrobras permitiu ao Tesouro transformar receitas incertas e longínquas em aumento imediato de sua participação acionária na estatal, além de obter 1% do PIB de ajuda para cumprir a meta de superávit primário.

Para segurar a inflação provocada pela explosão do consumo, coube ao Banco Central voltar a elevar a taxa de juros. Num ambiente em que os grandes países adotam políticas monetárias flagrantemente expansionistas, agravou-se a valorização cambial, com consequente ampliação do déficit em conta-corrente e redução da competitividade da indústria nacional.

Os primeiros sinais emitidos pela presidente Dilma são de correção do rumo tomado após a crise de 2008, mas não está claro se o modelo escolhido será o que coincidiu com a era Palocci ou o que vigorou em seguida até a eclosão da crise. A regulamentação da reforma previdenciária dos servidores públicos, aprovada em 2003, mas abortada pelo mensalão em seguida, seria um alvissareiro sinal concreto. O engavetamento definitivo de qualquer possibilidade de subsídio ao megalomaníaco projeto do trem-bala indicaria um retorno à racionalidade econômica. Afinal, o mínimo que se espera de um país que poupa pouco é que aloque eficientemente a limitada poupança disponível.

O câmbio valorizado veio para ficar

29/3/2011

As dificuldades enfrentadas pela indústria brasileira diante da valorização do real observada nos últimos anos têm suscitado um acalorado debate sobre as alternativas de política econômica disponíveis para deter – ou, pelo menos, retardar – a suposta desindustrialização do país. Identificar as causas da valorização da moeda brasileira e avaliar se elas tendem a se dissipar no futuro constituem o primeiro passo para uma discussão objetiva do problema.

A valorização do real, ao longo dos últimos anos, decorre de três fatores principais. O primeiro consiste no aumento da confiança dos investidores em relação ao país, iniciada em 1994 com o Plano Real e as privatizações, aprofundada em 2000 com a Lei de Responsabilidade Fiscal, mas consolidada somente após a constatação, em 2003/04, de que a esquerda, uma vez no poder, havia se convertido – ou resignado – ao pragmatismo do século XXI. A menor percepção de risco atraiu capitais até então temerosos diante das incertezas que grassavam na antiga economia brasileira, apreciando o real.

O segundo fator foi a valorização das *commodities* exportadas pelo país, sobretudo a partir de 2005/06, decorrente das gigantescas importações asiáticas, sobretudo da China. O terceiro consiste na política monetária expansionista dos países desenvolvidos, implantada a partir da crise de 2008, que aumentou o diferencial entre a taxa de juros brasileira e a internacional, atraindo capitais que valorizam o real. Note-se que a historicamente baixa poupança doméstica brasileira, fator que leva o país a ter uma elevada taxa real de juros e consequente moeda valorizada, não pode ser incluída entre as causas da valorização recente, pois a poupança já era baixa antes da valorização observada nos últimos anos.

A maior confiança dos investidores no Brasil veio para ficar. Não sem razão: o eleitor brasileiro já deu todas as demonstrações de que rejeita aventuras. Por exemplo, ignorou a promessa populista de elevação do salário mínimo para R$ 600,00 do candidato derrotado à presidência. Também o fator China se mostra uma realidade de longo prazo. O espantoso crescimento da China resulta de um aumento acelerado da produtividade média do trabalhador chinês decorrente de dois fenômenos. O primeiro é a contínua migração de trabalhadores da agricultura tradicional de baixa produtividade para a indústria de alta produtividade. A agricultura chinesa ainda ocupa 55% de sua população, número semelhante ao observado no Brasil em 1950. No mundo desenvolvido, a agricultura ocupa apenas 5% da população (no Brasil, 10%), o que sugere haver ainda muito espaço para esse movimento continuar.

O segundo fenômeno que eleva a produtividade média do trabalhador chinês, tanto na indústria como no setor de serviços, são os ganhos de eficiência decorrentes da gradual substituição de empresas estatais pelo setor privado. No Brasil, esses dois fenômenos já ocorreram no passado, mas na China podem ainda ter sobrevida por pelo menos duas décadas.

A alta produtividade da indústria chinesa não apresenta indícios de reversão. Sinal disso é o fato de o retorno do capital permanecer elevado, diante da incorporação de mais mão de obra oriunda da agricultura, bem como da melhoria da mão de obra já incorporada à indústria e aos serviços em decorrência do aumento da escolaridade. Mantidas as regras do jogo em vigor, a China continuará a crescer aceleradamente, sua renda *per capita* aproximando-se da de países como a Coreia do Sul e Taiwan. Seu apetite por *commodities* aumentará ainda mais, de modo que as exportações brasileiras de bens primários continuarão crescendo, contribuindo para a valorização do real.

Dos três fatores elencados acima, somente o terceiro tende a se dissipar com o passar do tempo, pois as economias centrais – que estão começando a sair da recessão – serão forçadas, futuramente, a retomar o controle monetário a fim de conter pressões inflacionárias. Isso significa que, de agora em diante, o Brasil precisará conviver com uma taxa de câmbio mais valorizada do que no passado, por absoluta falta de alternativa.

Nesse novo ambiente de câmbio valorizado, a proteção à indústria brasileira terá de vir de reformas microeconômicas que abrandem a pesada tributação, simplifiquem a complexidade fiscal, reduzam a burocracia, estimulem a poupança doméstica e a inovação, e dinamizem o mercado de trabalho. São necessárias reformas que aumentem a produtividade do setor sem prejudicar o restante da economia, o que ocorreria com aumento das barreiras comerciais ou (mais) subsídios à indústria.

Buscar corrigir uma situação de longo prazo, permanente, com medidas recomendadas para choques temporários – acumulação de reservas e controle de capitais, por exemplo – é ineficaz e caro. Já tentamos isso no passado e pagamos um preço altíssimo: a tentativa de crescer a qualquer preço após os choques de petróleo dos anos 1970, ignorando uma mudança estrutural, nos levou a 20 anos de estagnação.

O fantasma dos anos 1950

30/5/2011

Neste momento em que a indústria brasileira passa por mares revoltos devido à crescente valorização cambial, mais do que nunca seria oportuna uma reflexão sobre a estratégia nacional de apoio à industrialização. Entre a década de 1950 e o início da década de 1990, o país experimentou de tudo em matéria de proteção à indústria: barreiras tarifárias, taxas de câmbio múltiplas, lei de similaridade nacional, reserva de mercado no setor de informática, crédito subsidiado, além da ação direta do Estado em setores intensivos em capitais ditos "estratégicos".

A teoria que fundamentou a política industrial brasileira foi desenvolvida na década de 1950. Ela baseava-se na premissa de que, no longo prazo, os preços internacionais dos produtos primários estavam fadados a uma inexorável desvalorização em relação aos dos industrializados. Segundo a teoria, os países industrializados aprimoravam continuamente suas técnicas de produção, o mesmo não acontecendo nos países subdesenvolvidos que produziam produtos primários. Assim, enquanto o aumento da produtividade sancionava elevação dos salários nos países industrializados, a estagnação tecnológica, aliada ao acelerado crescimento populacional, forçava a queda de salários nos países produtores de bens primários. Países com pouco capital e mão de obra não especializada, ao permanecerem exportadores de bens primários, estariam condenados ao subdesenvolvimento. O problema era agravado pelo fato de Europa, Japão e EUA protegerem seus setores agrícolas.

A premissa da desvalorização dos preços dos bens primários em relação aos bens industriais não encontra suporte empírico no mundo atual. Após abandonarem as fracassadas experiências socialistas e as estratégias de desenvolvimento autárquico, países da Europa oriental, China e Índia se juntaram decididamente às economias de mercado. Junto com eles, trouxeram uma gigantesca oferta de mão de obra que antes vivia na agricultura de subsistência. Essa transformação teve dois impactos gigantescos sobre os mercados de produtos industriais e primários. O primeiro é que os milhões de trabalhadores que abandonaram a agricultura se direcionaram para a indústria dispostos a trabalhar por salários baixíssimos; o segundo é que essa imensa população passou a importar os bens agrícolas que, bem ou mal, antes produzia em regime de subsistência.

Como se trata de populações imensas, suas ações alteraram significativamente os preços internacionais. O resultado são preços internacionais de bens industriais declinantes, acompanhados de preços de bens primários crescentes. Exatamente o oposto do que diziam as teorias da década de 1950. O problema é agravado pela alta taxa de poupança nesses países que lhes permite manter uma taxa real de câmbio desvalorizada, sem grandes pressões inflacionárias.

Também a hipótese de estagnação da tecnologia de produção de bens primários não encontra suporte na atualidade. Na agricultura, a revolução produtiva gerada pelas pesquisas da Embrapa fala por si só. Na extração de recursos naturais, a evolução tecnológica permite a extração de petróleo e outros minerais em profundidades inconcebíveis há apenas uma década.

Foi-se o tempo em que o que tinha valor era necessariamente produzido na indústria. No pragmático mundo do pós-Guerra Fria, qualquer país com macroeconomia estável, mão de obra barata em relação a sua qualificação e direitos de propriedade razoavelmente confiáveis atrai indústrias de média tecnologia. Esse tipo de indústria gera empregos locais, mas não embute gordas margens. Por exemplo: o valor adicionado domesticamente às exportações de computadores chineses é menos que 5% do valor adicionado total. Por exigência da competição nos mercados internacionais, os salários pagos nesse tipo de indústria tendem a se igualar aos baixos salários recebidos por chineses.

Após meio século de política industrial, com sucessos em poucas áreas e fracassos em muitas outras, o Brasil encontra-se diante de um novo paradigma que parece não ter sido corretamente compreendido pelos formuladores de suas estratégias. Não apenas se insiste na fórmula de meio século atrás, como se está dobrando a aposta, conforme atestam as recentes capitalizações bilionárias do BNDES. Persiste-se no modelo de fortes subsídios creditícios à indústria – distribuídos segundo critérios obscuros que privilegiam grandes empresas – num mundo onde sequer está claro que a indústria continue a ser a fonte da prosperidade. Há que se levar em conta, por exemplo, que nas economias avançadas mais de 70% do PIB são gerados no setor de serviços.

Dado o estágio de industrialização já alcançado pelo Brasil, qual é hoje o caminho da prosperidade? Produzir domesticamente o que qualquer país pode fazer, igualando os salários dos brasileiros aos dos chineses? Fabricar o que poderia ser comprado a baixo preço no exterior? Ou aprofundar a produção daquilo que outros países não poderão fazer por insuficiência de dotações? A política econômica recente tem privilegiado a proteção à indústria a qualquer preço. Está na hora de repensar esse modelo e partir para uma estratégia mais equilibrada e racional, abandonando uma visão obsoleta onde o Estado escolhe os vencedores e campeões.

Crescimento com ou sem exclusão

22/7/2011

Há, por parte de alguns economistas e políticos de esquerda, uma nostalgia dos anos dourados do crescimento brasileiro, que iria do pós-guerra até o fim dos anos 1970. O crescimento acelerado nesses anos leva muitos a separar as escolhas econômicas do ambiente político e do quadro social, e olhar como altamente positivo o resultado final das políticas nacional-desenvolvimentistas. Diferentemente do ocorrido naqueles anos, o crescimento atual se dá em regime democrático e com melhoria da distribuição de renda. A persistência da atual retomada, entretanto, exige um diagnóstico racional dos erros e acertos do passado, para que não se cometam no presente erros que podem levar a frustrações no futuro.

Entre 1950 e 1979, o produto interno bruto (PIB) brasileiro cresceu a mais de 7% ao ano, ou 4,4% em termos *per capita*. No período, a renda média do brasileiro aumentou três vezes e meia. A base produtiva diversificou-se de forma expressiva, permitindo que uma nação que antes da guerra tinha mais de 60% de sua mão de obra no campo, chegasse a 1980 com metade dessa figura e produzindo os mais diversos tipos de bens industriais.

Esse o lado bom: crescemos muito. Para atingirmos isso, além de um cenário internacional altamente favorável, contamos com uma série de agressivas políticas econômicas. Entre elas a substituição de importações, que se iniciou com bens de consumos duráveis, mas nos anos 1970 se estendeu para bens de capital e intermediários. Além disso, houve uma participação decidida do Estado na economia, com produção direta em setores considerados estratégicos, gigantescos investimentos em infraestrutura e financiamento subsidiado ao investimento privado.

Essa estratégia de crescimento ignorou ou deu baixíssima prioridade à educação. Suas políticas sociais eram quase inexistentes e, por falta de foco, não atingiam os pobres. Esse o lado ruim do nacional-desenvolvimentismo: os benefícios do alto crescimento não chegaram ao grosso da população brasileira. Em 1970, 33% dos adultos brasileiros não sabiam ler (54% no Nordeste!) e a média de escolaridade da população adulta era de 2,4 anos de estudo, sendo que em 13 estados essa média não passava de dois anos. O percentual de pobres na população era de 67%, isto é, dois em três brasileiros. A mortalidade infantil no Nordeste era de 180 mortos por mil nascidos, quando a média na América do Sul era menos da metade dessa cifra e, nos Estados Unidos, exatamente um décimo.

O lado ruim não fica por aí. Segundo dados do Centro de Políticas Sociais da FGV, entre 1960 e 1970, a renda dos 5% mais ricos aumentou 75%, mas a da metade mais pobre somente 15%. A desigualdade de renda, que já era alta, experimentou, no período, sua maior deterioração decenal em todos os tempos.

Hoje já está bem estabelecido que fatores ligados à educação são os principais determinantes da pobreza e da distribuição de renda. Assim, por trás desse trágico quadro de exclusão e miséria observado durante o período nacional-desenvolvimentista estão as escolhas de política econômica, que basicamente privilegiaram o investimento em capital físico e ignoraram o capital humano, a educação e políticas compensatórias.

O reconhecimento da ligação entre nossa pobreza e as políticas de crescimento "estruturalistas" do passado seria fundamental para ordenar o debate atual sobre nossas escolhas de política econômica. Ao separar um assunto do outro – como se indicadores sociais tivessem vida independente e não fossem influenciados pela economia –, economistas dessa corrente, muito deles em posições-chave no atual governo, defendem ou implementam políticas semelhantes àquelas do passado sem atentar para o caráter altamente regressivo e conservador das mesmas.

O Brasil vive, nos últimos 15 anos, um período único de crescimento com redução de pobreza. É verdade que o crescimento está abaixo do observado entre 1950 e 1980, mas ainda assim acima da média histórica dos países ricos: nos últimos 16 anos crescemos a 2,7% ao ano em termos *per capita* e quase 3% durante o governo Lula. Ao mesmo tempo, as medidas de desigualdade nunca estiveram tão baixas, e a pobreza vem caindo aceleradamente – cerca de 68% desde o Plano Real e 16% somente em 2010. Embora ainda não haja consenso sobre as causas da queda da pobreza, parece certo que o fim da inflação, o aumento da educação e políticas sociais agressivas explicam grande parte das melhorias sociais.

Esse quadro deveria ser o nirvana dos economistas desenvolvimentistas e de esquerda. Entretanto, em sua grande maioria, eles teimam em defender políticas concentradoras de renda ou repetir um mantra estruturalista altamente excludente, que é reproduzido por alguns desavisados e por muitos interessados. Como exemplo, a desvalorização cambial a qualquer custo e subsídios ao investimento do grande capital para a formação de grandes grupos nacionais. Seria mais sensato que defendessem políticas realmente progressivas, como educação de mais qualidade, saneamento universal e fim dos subsídios, de forma que o benefício do crescimento atingisse ainda mais os pobres.

Brasil maior e mais ineficiente

24/8/2011

A história da política econômica brasileira apresenta como padrão recorrente a implantação de políticas distorcidas buscando-se solucionar problemas causados por distorções anteriores. Com isso, obtém-se alguma ilusão de progresso no curto prazo, mas, por não se enfrentarem as causas últimas das dificuldades, aumenta-se continuamente a ineficiência geral da economia. O recém-anunciado Plano Brasil Maior é o mais novo exemplo.

O plano parte de um diagnóstico parcialmente equivocado e propõe medidas que não resolverão o problema e provavelmente afetarão negativamente a produtividade geral da economia. Além disso, as medidas propostas beneficiam de maneira injustificada grupos de interesses e setores específicos – a indústria automobilística, por exemplo – em detrimento da população como um todo.

O diagnóstico equivocado está na ideia de que a indústria manufatureira nacional vive uma crise provocada pela competição predatória de produtos estrangeiros, notadamente chineses, e pela "guerra cambial". Dois equívocos aqui. Olhando atentamente os dados, não está claro que haja uma crise generalizada na indústria. Há, de fato, problemas sérios em alguns setores mais atingidos pela competição internacional, mas os dados da produção industrial mostram, no pior dos casos, baixo crescimento e não queda generalizada, ao mesmo tempo que vários setores – novamente a indústria automobilística – crescem a taxas vigorosas. Os números não justificam a gritaria e muito menos o volume brutal de benefícios atuais – via crédito subsidiado, por exemplo – e a intensificação destes com o Plano Brasil Maior.

O segundo equívoco de diagnóstico é considerar que o câmbio valorizado estaria na raiz do problema. Mesmo que fosse o caso, há uma série de distorções tão ou mais importantes que estão sendo ignoradas, como a estrutura tributária, custosa e burocrática, além de uma carga de impostos excessivamente alta. Ou uma infraestrutura de transportes caótica e cara que, devido à falta de investimentos e má gestão, deve permanecer assim por algum tempo.

Além disso, em grande parte, a valorização cambial é causada pelas altas taxas de juros, que atraem capital estrangeiro. Mas os juros estão altos para combater uma inflação causada, entre outros fatores, pelo excesso de gastos do governo e expansão do crédito. Aqui também não se está enfrentando o problema; basta ver que as transferências do Tesouro para o BNDES se mantêm altas e não há qualquer programa visando enfrentar dificuldades fiscais mais de longo prazo.

Com um diagnóstico torto, não é surpresa que o Brasil Maior não ataque de frente a suposta queda de competitividade da indústria brasileira. A grande maioria de suas medidas busca isolar artificialmente da concorrência estrangeira a produção doméstica. Entre as medidas protecionistas há: subsídios tributários à exportação de manufaturados; preferências por produtos nacionais em compras governamentais (ainda que 25% mais caros que concorrentes estrangeiros!); ampliação da lista de exceção do Mercosul com possibilidade de aumento de tarifas de importação; a necessidade de conteúdo nacional para financiamento por bancos públicos; e a intensificação de medidas *antidumping* e licenças não automáticas para importação. Estas duas últimas, via de regra, são muito mais barreiras comerciais não tarifárias que instrumentos de defesa da produção doméstica, como bem mostra a experiência da Argentina. O plano ainda inclui uma série de subsídios crediticios via BNDES que, além de baratear o produto doméstico à custa do contribuinte, irão sobrecarregar ainda mais o Tesouro.

A história mostra que medidas protecionistas não conseguem aumentar a competitividade da economia. Ao contrário, está bem documentado que, após a liberalização comercial dos anos 1980 e 1990, todos os setores da indústria experimentaram um crescimento acelerado da produtividade, seja porque aumentou-se o acesso a máquinas, equipamentos e tecnologia de ponta ou porque a concorrência estrangeira disciplinou produtores domésticos. A produtividade, em alguns casos – nos setores de eletrodomésticos e eletrônicos, por exemplo –, dobrou em menos de 10 anos. As medidas do plano vão na direção contrária, o que deve implicar uma queda da eficiência futura da economia.

Como não poderia deixar de ser em um conjunto de medidas tão extenso, há no Brasil Maior medidas positivas: a redução do prazo de devolução do PIS, Pasep e Cofins incidentes sobre as compras de bens de capital; a desoneração do IPI sobre os bens de investimento; um significativo aumento dos recursos para a inovação e desoneração da folha de pagamento, embora aqui tenham-se frustrado as expectativas ao serem incluídos somente quatro setores. Os pontos positivos, entretanto, não dão o tom e muito menos estão na essência do plano. Ao buscar "proteger o mercado interno de uma avalanche de produtos baratos importados", o plano vai proteger a indústria manufatureira e não o mercado e seus consumidores, que comprarão agora produtos mais caros. A introdução de barreiras comerciais e a intensificação de subsídios implicarão, no futuro, aumento da ineficiência e perda de competitividade, o que significa que continuaremos pagando por produtos caros durante um bom tempo.

Lições europeias para o Brasil

14/10/2011

Após a II Guerra Mundial, vários países implantaram amplos sistemas de proteção social conhecidos como estado do bem-estar social. Apesar das enormes perdas de vidas humanas, bem como destruição de infraestrutura e instalações industriais, a Europa era herdeira de uma longa tradição industrial, possuía mão de obra qualificada, capacidade gerencial e capital – este parcialmente destruído pela guerra, mas suprido em abundância pelo Plano Marshall.

O sustento do estado do bem-estar social exigiu uma paulatina elevação da carga tributária, que onerou crescentemente sua indústria. Mas isso ocorreu em uma época em que os produtos industriais valiam mais do que os produtos primários, e a indústria do mundo capitalista concentrava-se na Europa e nos EUA.

Dispondo de tecnologia, mão de obra qualificada e capital, as empresas europeias suportaram a pesada tributação, pois não havia concorrência significativa dos países mais pobres. Importando bens primários dos países em desenvolvimento, enquanto lhes exportava produtos industrializados, o estado do bem-estar social europeu conseguiu conciliar progresso econômico e tributação crescente.

Mas os preços de produtos industriais relativamente aos primários começaram a mudar nos últimos 20 anos. Na Ásia, países com gigantescas populações abandonaram as fracassadas experiências socialistas e as estratégias de desenvolvimento autárquico, mergulhando na industrialização. Milhões de trabalhadores deixaram a agricultura de subsistência em direção à indústria exportadora, dispostos a trabalhar por salários que seriam considerados aviltantes por um europeu. Essa imensa população passou a importar os bens agrícolas que antes produzia. O resultado tem sido a gradual queda dos preços internacionais de bens industriais, acompanhada da elevação dos preços de bens primários.

Operando em um ambiente internacional de crescente competição, e onerada pela elevada carga tributária, a indústria europeia passou a depender de sua capacidade de manter um significativo diferencial tecnológico em relação à indústria dos países emergentes. Subsetores de alta tecnologia, nos quais a qualificação da mão de obra é o fator determinante, têm resistido à concorrência estrangeira. Mas os baixíssimos custos de produção dos novos competidores tendem a inviabilizar os setores industriais tradicionais.

Diferentemente do observado na Europa, a indústria asiática desenvolve-se sem o ônus de uma pesada tributação, pois naqueles países não se implantou o estado de bem estar social. Embora o trabalhador asiático ainda tenha uma baixa qualificação média comparativamente ao europeu, os pesados investimentos em educação tendem a reduzir essa diferença. Assim, o contrato social europeu terá de ser reescrito por absoluta falta de alternativas. Isso não significará o abandono das políticas sociais que tanto contribuíram para a redução das desigualdades, mas exigirá uma redução dos benefícios concedidos pelo Estado, adequando-os à nova realidade internacional. A crise das dívidas europeias de 2011 – que decorre da crise bancária de 2008 – está apenas antecipando o inexorável ajuste longamente adiado.

No Brasil, com a Constituição de 1988, a jovem democracia decidiu implantar um estado de bem-estar social buscando reduzir a secular desigualdade de renda. O aumento contínuo da carga tributária foi usado para arcar com o custeio dos crescentes gastos sociais. Esses gastos são uma legítima decisão da sociedade brasileira, reafirmada democraticamente a cada nova eleição.

Mas é preciso atentar para suas implicações sobre a estrutura econômica do país.

Numa economia aberta, para que um particular setor da economia consiga sobreviver onerado por uma tributação superior à que incide sobre seus concorrentes internacionais, é preciso que seu custo de produção seja suficientemente inferior ao de seus competidores. Isso ocorre com menores salários e/ou maior produtividade. Abençoada com terra, água e sol em abundância, a produtividade da agropecuária brasileira é imbatível. A generosidade divina também protegeu a indústria extrativa mineral e a agroindústria, setor em que a proximidade da matéria-prima constitui um fator importante para o baixo custo de produção. Mas a perda de competitividade nos demais subsetores industriais só será revertida com uma carga tributária menor, com a simplificação da observância regulatória, com a melhoria da qualidade da mão de obra e da infraestrutura de transportes, entre outras medidas destinadas a reduzir os custos de produção.

Mas a redução da carga tributária não pode anteceder a redefinição das obrigações do Estado brasileiro, pois isso traria a inflação de volta. Por esse motivo a reforma tributária permanece empacada. No caso da previdência social – a principal fonte de desequilíbrio fiscal –, a paralisia nas discussões parece indicar que o eleitor não está disposto a se sacrificar para preservar a indústria nacional. Prefere gastos públicos elevados, que são sustentáveis apenas por uma alta tributação que levará o país a concentrar-se nos setores em que suas vantagens comparativas são esmagadoras. Nesse contexto, as recentes medidas que protegem alguns setores industriais escolhidos por critérios obscuros apenas darão sobrevida – e bons lucros – para poucos felizardos com boas conexões e um eficiente *lobby*.

Quem ama dá limites

11/11/2011

Um clássico recurso de retórica usado em debates consiste em exagerar e distorcer a argumentação dos oponentes. Pintando como loucas e/ou ilógicas as ideias alheias, as próprias parecem muito mais sensatas do que de fato são, o que aumenta seu poder de convencimento. Isso fica evidente na defesa que economistas ditos desenvolvimentistas, e supostamente de esquerda, vêm fazendo da política industrial recentemente anunciada pelo governo Dilma, em particular do aumento de 30% do IPI sobre automóveis importados.

A argumentação básica é a seguinte. Todo país desenvolvido possui uma forte indústria, que é o motor do crescimento. No passado, esses países protegeram sua indústria e, em alguma medida, ainda protegem. Assim, se o Brasil quiser crescer, terá que ter uma poderosa indústria. Como ela está sob ataque de importações chinesas, coreanas e de outros produtores, é necessário protegê-la. Isso seria tão evidente que aqueles contrários a essas medidas estariam agindo contra o país, defendendo interesses de produtores estrangeiros e importadores locais. Em versões mais radicais, seriam ideologicamente contrários à indústria.

Versões mais sofisticadas desse raciocínio associam industrialização a inovações tecnológicas e transbordamento para outros setores. Mas a conclusão final é parecida: defesa da proteção comercial, bem como subsídios e benefícios fiscais. Em ambos os casos a associação entre as próprias ideias, o interesse nacional e o das classes trabalhadoras é um corolário imediato.

Ocorre, entretanto, que existe vida inteligente do lado de cá. A oposição a medidas que beneficiam poucos e possuem duvidosos efeitos de longo prazo, longe de defender os interesses do "capitalismo estrangeiro", busca aumentar a eficiência da produção doméstica, tornando-a mais competitiva, melhorando o bem-estar da população como um todo.

Retórica semelhante poderia sustentar políticas opostas. A indústria automobilística, a grande beneficiada pelas medidas recentes, emprega direta ou indiretamente uma parcela muito pequena dos trabalhadores brasileiros. O fechamento do mercado vai elevar a renda destes, mas vai, principalmente, aumentar o lucro das empresas automobilísticas que são todas multinacionais. Além do mais, estas últimas foram protegidas desde a década de 1950 e não lograram produzir um carro de qualidade que possa competir com importados. As novas barreiras comerciais, portanto, perpetuarão o atraso tecnológico e os preços altos, beneficiando poucos e prejudicando todos aqueles que precisam de veículos para se locomover. Logo, os desenvolvimentistas estariam defendendo algo contrário aos interesses nacionais, algo que beneficiaria principalmente capitalistas estrangeiros, além de uma elite de trabalhadores, e que contribuiria para a piora da distribuição de renda no Brasil.

Se há algo de exagero no argumento anterior, há algo de verdade também. A imposição de forma improvisada, e sem maiores discussões com a sociedade, de barreiras comerciais – sem o estabelecimento sequer de metas de produtividade – diminuirá a competição local, aumentando o preço pago pelo consumidor. Quando essas políticas atingem não só os bens finais, mas também bens de capital e bens intermediários, o impacto sobre todas as cadeias produtivas é ainda maior. Há perda de eficiência, já que todos os setores da economia serão obrigados a utilizar insumos mais caros e piores. Políticas que impõem a utilização de uma enorme parcela de componentes nacionais na produção de determinados bens vão nessa direção e, por encarecerem bens finais, afetam negativamente a população.

Qual é a vantagem de ter uma indústria grande e poderosa, mas obsoleta e pouco produtiva? A gritaria contra a suposta desindustrialização acelerada não pode basear-se no dogma de que uma grande indústria é desejável, independentemente das condições em que essa meta é alcançada. As economias avançadas estão se transformando em economias de serviços, e as grandes inovações estão nesse setor. O Brasil também caminha nessa direção. O reconhecimento dessa transformação, bem como da urgência de mais e melhor educação, em vez de nostalgias dos anos JK e da política industrial da ditadura, já seria meio caminho na direção de políticas que, de fato, aumentassem a eficiência da produção brasileira.

Um histórico expoente do desenvolvimentismo defendeu enfaticamente as recentes medidas protecionistas utilizando uma emocionada figura da psicologia: quem ama protege. Mas a mesma psicologia em sua versão moderna sustenta: quem ama dá limites, premiando acertos e punindo erros. Pode-se também citar Erasmo Carlos, o Tremendão, que em conhecida canção fala de um filho único que parecia dar um recado aos desenvolvimentistas tupiniquins: "Ei, mãe, não sou mais menino, não é justo que também queira parir meu destino, você já fez a sua parte mãe, me pondo no mundo. [...] Proteção desprotege e carinho demais faz arrepender".

A indústria automobilística brasileira é uma criança de 60 anos! O que ela precisa é de tributação baixa e simples, mão de obra qualificada, segurança jurídica e infraestrutura adequada. Não de excesso de proteção que a tem tornado um adulto incapaz de operar em um mundo cada vez mais competitivo.

Tocando com a barriga

22/12/2011

A brusca desaceleração da produção industrial no terceiro trimestre reaqueceu o debate sobre as atuais dificuldades enfrentadas pela indústria brasileira. Segundo os industriais, os maiores problemas são a valorização cambial, a alta taxa de juros, a elevada e complexa carga tributária, a precariedade da infraestrutura de transporte e má-formação da mão de obra. Uma análise das medidas adotadas pelo governo, ao longo de 2011, no entanto, mostra que o país continua sem uma estratégia abrangente e coerente para enfrentar estruturalmente esses problemas.

Conforme discutido nos artigos mensais publicados neste espaço ao longo do ano, os problemas listados acima não são independentes, mas sintomas de uma mesma opção política tomada em 1988, e ratificada pelo eleitor a cada nova eleição: a imensa preferência nacional pelo consumo presente em detrimento do futuro. Nos últimos 10 anos, enquanto os investimentos federais permaneceram estagnados em torno de 1% do produto interno bruto (PIB), os gastos com consumo e transferências cresceram ao ritmo de 0,4% do PIB ao ano. A elevação real do salário mínimo à taxa de 6% ao ano explica boa parte desse crescimento, com amplo impacto sobre a melhoria da distribuição da renda. O lado doloroso é que, para cobrir os maiores gastos, a carga tributária aumentou continuamente até atingir 35% do PIB, com graves implicações sobre a competitividade das empresas nacionais.

A valorização cambial atual decorre de três fatores principais: os elevados preços das *commodities* exportadas pelo país, o diferencial de juros domésticos em relação aos praticados internacionalmente, e – em menor magnitude – a atração de investimentos diretos decorrente da melhor avaliação quanto ao risco embutido na economia brasileira. O preço das *commodities* e os investimentos diretos, embora contribuam para a valorização cambial que prejudica a indústria, beneficiam o país como um todo, abrindo amplas oportunidades de geração de empregos e arrecadação de tributos. Mas os juros altos são uma doença nacional cuja solução requereria vontade política que nem o mais popular dos presidentes da República exibiu.

Embora a taxa básica de juros real tenha caído desde o Plano Real – 20% ao ano no primeiro governo FHC, 10% no segundo, 7% no governo Lula, e 5,5% hoje –, trata-se de uma taxa ainda muito alta, quando comparada ao observado no resto do planeta. O responsável não é o Banco Central, instituição que se limita a definir a taxa nominal de juros básica a fim de cumprir a meta de inflação de cuja fixação sequer participa. Desde a implantação do regime de metas, a inflação brasileira superou o centro da meta em 1% ao ano, em média, o que mostra que o Banco Central teria de ter praticado taxas básicas ainda maiores para atingir aquele objetivo.

A queda da taxa de juros básica exigirá, além da reversão na tendência de crescimento dos gastos públicos, também a reformulação dos ultrapassados mecanismos de poupança compulsória, como o Fundo de Garantia do Tempo de Serviço (FGTS) e o Fundo de Amparo ao Trabalhador (FAT). Criados no passado para viabilizar o financiamento de longo prazo, numa economia em que a inflação prejudicava o desenvolvimento do mercado de capitais, esses programas constituem hoje importante fator de atrofia daquele mercado. Com rendimento inferior à inflação, o FGTS tornou-se um imposto pago por uma fração dos trabalhadores – aqueles com carteira assinada que não são autônomos, nem empresários, ou servidores públicos – cujos beneficiários são os que têm acesso a créditos subsidiados.

No passado, somente a população de baixa renda que comprava uma modesta casa própria se beneficiava desses empréstimos subsidiados, mas agora até grandes empresas são agraciadas. O FAT é alimentado por um imposto – o Programa de Integração Social (PIS) – que incide sobre todas as empresas da economia, mas seus empréstimos subsidiados aquinhoam apenas um seleto grupo de empresas escolhidas por critérios pouco claros definidos pelos desenvolvimentistas que hoje dirigem o BNDES.

Obrigatoriedade de proporções mínimas de insumos nacionais em determinados setores e imposição de barreiras tarifárias são soluções temporárias que não vão ao cerne da questão, mas reduzem a eficiência da economia – afinal, se o insumo nacional fosse bom, seria adotado voluntariamente. Obviamente, agradam a certos grupos de interesse, como deixou bem claro um alto diretor da Associação Nacional dos Fabricantes de Veículos Automotores (Anfavea), que declarou em entrevista recente que, após o aumento do IPI sobre os automóveis importados, o país – isto é, seu setor –, não necessita mais de reforma tributária.

Enquanto medidas corajosas são mantidas fora da agenda oficial, o ministro da Fazenda parece nutrir a vã esperança de que, diante das políticas monetárias expansionistas em vigor no Primeiro Mundo, a OMC possa aceitar nossas medidas protecionistas que estão claramente em choque com os acordos internacionais. Faltou combinar com seu presidente, Pascal Lamy, que, em entrevista ao *Valor*, questionou o IPI diferenciado sobre os automóveis importados e lembrou que a taxa de juros brasileira é a maior do mundo.

2012

DOBRANDO A APOSTA

As desigualdades regionais

18/1/2012

A melhoria da distribuição de renda no Brasil, iniciada na década de 1990 com o fim da inflação e a abertura da economia, e acelerada na década de 2000 pelos programas de transferências diretas, é uma conquista da sociedade brasileira. Embora, quando se considera a população do país como um todo, os avanços sejam notáveis, ao analisar a distribuição da renda entre as regiões do país, há pouco para comemorar.

A renda *per capita* do Nordeste permanece apenas um terço da observada no Sudeste, e a taxa de analfabetismo é o triplo. A mortalidade infantil no Maranhão é quase três vezes superior à de São Paulo. Cerca de 40% da população do Nordeste ainda vivem na pobreza, contra 11% no Sudeste. Por que um país que consegue melhorar a distribuição de renda em nível nacional não o faz em nível regional?

Não é por falta de boas intenções. Políticas localizadas de apoio ao Nordeste sobreviveram a diferentes regimes políticos. Juscelino Kubitschek criou a Superintendência do Desenvolvimento do Nordeste (Sudene), tendo como órgão financiador o Banco do Nordeste do Brasil (BNB). Castello Branco criou a Superintendência do Desenvolvimento da Amazônia (Sudam), cujo órgão financiador era o Banco de Crédito da Amazônia (Basa). Com a redemocratização, a Constituição Federal de 1988 ratificou as escolhas anteriores, determinando a alocação de 3% das receitas dos impostos sobre renda e produtos industrializados aos programas de estímulo às regiões Norte, Nordeste e Centro-Oeste.

Entre 1989 e 2002, os fundos constitucionais de financiamento aplicaram cerca de US$ 10 bilhões. Embora bem-sucedidas em algumas dimensões, essas políticas não foram capazes de transformar os indicadores sociais nem a distribuição de renda nas regiões beneficiadas. A participação do Nordeste no produto interno bruto (PIB) é a mesma observada em 1960.

Devido a distorções em seus desenhos, ingerências políticas, falhas operacionais e resistência à adoção de instrumentos externos independentes de avaliação de resultados, as políticas centradas na atração de indústrias pouco contribuíram para alterar a distribuição regional da renda no Brasil. Por seu intermédio, impostos pagos por milhões de contribuintes espalhados pelo território nacional foram destinados a poucos empresários localizados nas regiões favorecidas. Essas políticas apenas transferiram recursos dos pobres das regiões ricas para os ricos das regiões pobres.

A boa teoria econômica não condena *a priori* o uso de subsídios. Diante de falhas de mercado – como escalas mínimas de produção ou casos em que o benefício privado do investimento é inferior ao benefício coletivo – um adequado apoio governamental impulsionará setores e até mesmo regiões. Mas é preciso um contínuo monitoramento para avaliar se os benefícios (como empregos gerados e novos impostos arrecadados) colhidos nas regiões agraciadas realmente superam os custos (como empregos inviabilizados por tributação excessiva) que oneram as áreas que financiam os subsídios. No Brasil, as verbas previstas na Constituição são tratadas como direitos adquiridos, sobre os quais não se cogita a aplicação de critérios mínimos de eficiência.

No caso do Nordeste, nem sequer uma clara falha de mercado se pode identificar. O velho argumento de injustiça histórica nas trocas entre as regiões do país que impediria a criação de "bons" empregos perdeu validade após a abertura da economia. A região opera sob as mesmas instituições (legislação trabalhista, carga tributária complexa e onerosa, elevado *spread* bancário, Justiça lenta etc.) que atrapalham a atividade empresarial no resto do país. O que parece ser a grande diferença no Nordeste é o baixo nível educacional de seus habitantes.

Esse é o enfoque do excelente livro intitulado *Desigualdades regionais no Brasil*, do economista pernambucano Alexandre Rands Barros, recentemente publicado. Nele Barros utiliza técnicas estatísticas para medir a contribuição de fatores individuais ou locais para a desigualdade de renda entre o Nordeste e o Sudeste. Ele mostra que, depois de corrigir por diferenças na quantidade (anos de estudo) e qualidade da educação; pelo fato de que há uma menor participação da população na força de trabalho, bem como um menor número de horas trabalhadas em média no Nordeste; e, finalmente, por diferenças no custo de vida, verifica-se que o PIB por unidade de trabalho efetivo no Nordeste é o mesmo observado no Sudeste. Em outras palavras: como menos educação implica menor renda, o fato de a escolaridade média do trabalhador nordestino ser inferior à verificada no Sudeste explica a diferença de renda regional.

O diagnóstico não é o primeiro nessa direção, mas certamente o mais completo. Coloca o problema regional brasileiro em uma perspectiva completamente diferente da que vem prevalecendo até agora: a prioridade deve ser dada à educação. Um programa de redução da desigualdade regional de renda e de combate à pobreza baseado na atração de investimentos em capital físico somente repetirá erros do passado e será incapaz, como foi até hoje, de melhorar significativamente as condições de vida das populações locais.

O papel construtivo das crises

15/2/2012

A crise das dívidas europeias ilustra como as democracias necessitam de crises para tomar decisões impopulares. Itália e Espanha estão aprovando cortes estruturais de despesas, bem como enfrentando *lobbies* que emperram o funcionamento de muitos setores. Portugal segue lentamente na mesma direção. Até a Grécia inicia um movimento, embora a gravidade de seu problema sugira que talvez já seja tarde demais.

A principal fonte de desequilíbrios fiscais na Europa são os generosos programas sociais criados no pós-guerra, quando a indústria mundial, então concentrada na Europa e nos EUA, podia arcar com a alta carga tributária requerida para sustentá-los. Atualmente, as populosas economias asiáticas empregam na indústria exportadora uma mão de obra de baixíssima remuneração, o que implica custos de produção muito inferiores aos europeus. Para sobreviver aos novos competidores, a carga tributária sobre a indústria europeia teria de cair. Mas isso exigiria a redução do custo dos programas sociais. O enfrentamento do problema foi adiado por sucessivos governos, provocando aumento das dívidas. A crise atual resulta da incapacidade dos políticos europeus em negociar uma adaptação realista aos novos tempos.

Mas a crise embute a própria solução dos problemas que ela traz à tona. A acumulação de uma gigantesca dívida pública em tempo de paz decorre das dificuldades de ação coletiva inerentes a regimes democráticos em que há acirrada divergência política. Enquanto os partidos à esquerda não aceitam reduções de gastos, os à direita não permitem aumentos de impostos. Ambos sabem o que precisa ser feito para evitar a crise fiscal futura, pois enfrentam as mesmas dificuldades quando se revezam no poder. Mas o jogo político estimula os governos – tanto à esquerda quanto à direita – a adiar medidas dolorosas. Se o partido que está no poder implantar medidas corretivas estruturais, necessariamente penosas no curto prazo, perderá as próximas eleições. Pior, o mesmo ajuste que o afastará do poder permitirá à oposição vitoriosa receber um país preparado para o crescimento, assim colhendo os frutos plantados por quem perdeu as eleições – no Brasil, os ajustes estruturais implantados durante o segundo governo FHC deram três mandatos presidenciais ao PT.

O jogo de empurra chega a um impasse quando os mercados começam a desconfiar que, sem reformas, a dívida tornar-se-á impagável, passando a exigir taxas de juros exorbitantes para a rolagem dos títulos públicos. A proximidade do abismo catalisa o consenso político necessário para a aprovação dos ajustes longamente adiados. Os políticos dos dois grupos acabam votando medidas estruturais, pois podem salvar a face perante o eleitorado jogando a culpa da decisão sobre um ator externo, seja o mercado, o Fundo Monetário Internacional (FMI) ou o líder de um país estrangeiro como Angela Merkel.

Mas há quem aprenda com a própria experiência. A Alemanha, país derrotado em duas guerras no intervalo de 30 anos, e divido em dois por outros 45 anos de Guerra Fria, desenvolveu instrumentos políticos de coordenação que permitem a tomada de decisões preventivamente. Após a criação do euro, conscientes da rigidez nominal imposta pelo câmbio fixo em relação a seus principais parceiros comerciais, os líderes alemães coordenaram as disputas salariais de modo a preservar a competitividade da indústria, bem como adaptaram seus programas sociais à nova realidade internacional. Hoje colhem os frutos dessa sábia decisão. A Grécia, ao contrário, aumentou salários e o emprego público, e ampliou benefícios sociais cuja conta está sendo cobrada agora.

No Brasil, após a maxidesvalorização cambial de 1999, o espectro da volta da inflação permitiu a FHC aprovar a Lei de Responsabilidade Fiscal, bem como executar à risca os acordos de renegociação das dívidas estaduais – a moratória mineira deixou à míngua o governador Itamar Franco. Em 2003, sofrendo a desconfiança dos mercados, Lula incrustou na Constituição o financiamento das aposentadorias dos servidores por meio de fundos de pensão geridos em regime de contribuição definida – projeto bombardeado pelos sindicatos durante o governo FHC.

Após o advento do "mensalão", entretanto, um Lula enfraquecido buscou apoio político em sua velha base sindical, abandonando seu ímpeto reformista – a regulamentação dos fundos de pensão dos servidores ainda está no Congresso. A partir de 2004, a bonança proporcionada pela disparada dos preços das *commodities* enterrou de vez as reformas.

A recente decisão do governo Dilma de transferir à iniciativa privada a gestão dos três maiores aeroportos do país não foge à regra. Dessa vez, o catalisador das mudanças não foi uma crise econômica, mas o temor de um grande vexame internacional durante a Copa do Mundo e a Olimpíada. O pragmatismo de Dilma abandonou os dogmas petistas que interromperam as privatizações durante os dois mandatos de Lula. A necessidade está levando o PT a se parecer, cada vez mais, com seus rivais.

Progresso e meio ambiente

21/3/2012

Até meados do século XVIII, o padrão de vida da humanidade passou por uma longa estagnação, sendo a ideia de crescimento econômico algo estranho às sociedades da época. Com o advento da Revolução Industrial, começou-se a observar crescimento contínuo e sustentável da produtividade e da renda em vários países. Esse processo foi sempre desigual, mas vive-se muito melhor hoje que no passado.

No último meio século, em particular, analisando-se um grupo de 112 países de que se possuem dados minimamente confiáveis, somente 10 não cresceram entre 1960 e 2009, e isso porque estiveram envolvidos em guerras ou revoluções. Em 70 deles, a renda *per capita* mais que dobrou, sendo que em metade ela mais que triplicou.

De forma contínua, parcelas significativas da humanidade vêm sendo resgatadas da pobreza. Os indicadores sociais constatam elevação da expectativa de vida, menor mortalidade infantil, maior escolaridade e melhores condições materiais em geral. Dado o crescimento acelerado de países até pouco tempo miseráveis, como China e Índia, não é difícil imaginar que progresso, conforto e condições sociais favoráveis alcançarão, em pouco tempo, a maioria da população do planeta.

Mas a incorporação dessas populações a um padrão de consumo e conforto de que estavam alijadas não se dá sem custos ambientais. Essa triste constatação tem levado ambientalistas mais alarmados – sem entendimento dos instrumentos econômicos disponíveis para disciplinar o problema, como uma combinação de tributação e subsídios –, e até alguns economistas recém-convertidos à causa – que parecem ter esquecido como funcionam aqueles instrumentos –, a defenderem a tese de que o planeta teria chegado ao seu limite físico, o que implicaria a necessidade de deter o progresso. "Mantido o ritmo de crescimento atual, quando toda humanidade alcançar um padrão de consumo próximo ao dos ricos países ocidentais, o planeta entrará em colapso", vaticinam histericamente.

Em um vídeo que circula pela internet <www.youtube.com/watch?v=BZ0Kfap4g4w>, o economista Hans Rosling defende apaixonadamente o uso das máquinas de lavar – e máquinas de uso doméstico em geral – que poupam trabalho de mulheres, liberando-as de tarefas, permitindo-lhes mais dedicação a si mesmas e aos filhos, ou ainda que se insiram no mercado de trabalho. Aquelas máquinas melhoram o bem-estar, a educação e a produtividade das economias. Tentar bloquear o progresso e impedir o acesso dos pobres a esses bens materiais seria moralmente injustificável – "Vão fechar a porta agora que estou quase entrando na festa?" – e fútil, pois a maioria que começa a ter acesso ao progresso não vai votar pelo atraso.

Dentro de 40 anos, o consumo de energia do planeta deve dobrar, pois 1 bilhão de pessoas se juntarão aos muito ricos que hoje respondem por metade do consumo mundial de energia. Diante da alta probabilidade de mudanças climáticas seriíssimas, alguma alternativa à inviável proposta de frear o crescimento econômico precisa ser encontrada. Caberá aos governos lutar em dois flancos para direcionarem suas economias rumo à preservação ambiental.

O primeiro flanco será estimular, por meio de subsídios e financiamentos, o desenvolvimento e a adoção de tecnologias limpas, pois a atividade de pesquisa é custosa e arriscada. Além disso, será necessário um esforço coordenado para mudar toda uma estrutura de funcionamento das economias baseada em tecnologias poluidoras. Alguém só usará nova tecnologia não poluidora se muitos também a estiverem usando. Esses dois pontos significam que os governos precisarão não só subsidiar, por exemplo, pesquisas sobre carros elétricos, mas também incentivar a criação de pontos de abastecimento de energia para esses carros.

O outro flanco será punir quem polui ou usa tecnologias poluidoras. A melhor punição é o velho e bom mecanismo de preço. Há excesso de consumo de bens poluentes simplesmente porque, do ponto de vista da sociedade, o preço desses bens está muito baixo. Os bens poluentes precisarão ser pesadamente tributados, de modo a forçar aqueles que mais poluem a custear os subsídios a serem concedidos àqueles que adotarem práticas não poluidoras.

Não há também como evitar a regulação de algumas práticas e atividades, dadas as óbvias falhas e mesmo a inexistência de mercados para disciplinar os poluidores. Muitas dessas medidas são impopulares e de implementação complexa, mas são tecnicamente factíveis. Há também a dificuldade de coordenação internacional, pois os custos da redução de emissões são potencialmente maiores em alguns países que em outros. Isso tem exigido delicadas negociações internacionais. Entretanto, a alternativa histórica e radical – "O planeta não aguentará, pare o progresso" – é não só socialmente injusta e economicamente ineficiente, como também o caminho mais provável para a inação que levará o planeta na direção que todos querem evitar.

Desindustrialização e conflito distributivo

18/4/2012

Embora o primeiro surto industrial no Brasil remonte ao início do século XX, foi a partir da década de 1950 que o país mergulhou na industrialização. Numa época em que a indústria mundial estava concentrada na Europa e nos Estados Unidos, o preço internacional dos bens industriais importados pelo país era elevado, enquanto o dos primários exportados era baixo. Com uma economia pouco diversificada, o país vivia ao sabor das oscilações das cotações dos poucos produtos básicos que conseguia exportar. A industrialização era considerada a única saída para romper o ciclo vicioso da pobreza e eliminar as frequentes crises cambiais.

A industrialização brasileira deu-se sob forte proteção. Tratando-se de um país com vasto território e população em rápido crescimento, apostava-se em um grande mercado consumidor com escala suficientemente alta para gerar baixos custos de produção no longo prazo. A estratégia consistia em proteger temporariamente uma indústria nascente até que ela atingisse sua maturidade. Barreiras alfandegárias, reservas de mercado, taxas de câmbio diferenciadas para a importação de bens de capital e leis de similaridade nacional estiveram entre as medidas adotadas.

Uma consequência do modelo brasileiro de industrialização com economia fechada foi a concentração de renda. A impossibilidade de importar bens industrializados sancionou, no mercado doméstico, a elevação dos preços desses bens relativamente aos dos serviços e bens primários.

Todos pagaram mais caro pelos bens industrializados, mas somente poucos tiveram acesso aos bons empregos por eles gerados. Num país cuja população era predominantemente analfabeta, grande parte dela não atendia às necessidades de mão de obra qualificada da indústria. A acirrada competição pela limitada população de classe média que tinha tido o privilégio de frequentar escolas provocou uma forte elevação de seus salários.

Por esse perverso mecanismo de mercado, coube à população menos qualificada pagar a maior parte da conta da industrialização. A concentração de renda ocorreu não só em nível local, mas também entre regiões do país, privilegiando a região Sudeste em detrimento das demais.

Com a redemocratização, os constituintes de 1988 ampliaram os gastos sociais, marcando uma opção por um país menos desigual que, por exigir vultosos recursos fiscais, disparou a inflação. Somente na década de 1990, após a abertura da economia, logrou-se implantar um plano de estabilização num ambiente em que a plena liberdade para importar pôde ser usada como instrumento coadjuvante no combate à inflação.

Após o Plano Real, o aumento do poder de compra proporcionado pela valorização cambial, numa economia àquela altura já razoavelmente aberta, deu a FHC duas eleições em primeiro turno. A inevitável desvalorização cambial de 1999 derrubou abruptamente seus índices de aprovação. Na era Lula, a valorização dos preços dos bens primários exportados pelo Brasil – fenômeno decorrente da fulminante ascensão chinesa – provocou uma valorização do real ainda maior do que a observada durante o primeiro mandato de FHC. Como consequência, a aprovação de Lula disparou a ponto de lhe permitir eleger uma sucessora sem nenhuma experiência eleitoral.

Passados 60 anos, diante da valorização cambial que está prejudicando a indústria, os economistas ditos "desenvolvimentistas" estão ressuscitando o velho argumento da indústria nascente para justificar uma meta cambial que pode comprometer o controle da inflação. Um dos argumentos é o de preservar "bons empregos" para nossos filhos. Será que os eleitores – a imensa maioria dos quais empregados no setor de serviços e cujos filhos, por estudarem em péssimas escolas, não se beneficiarão dos "bons empregos" – concordam em reduzir seu consumo para salvar os empregos industriais? E os nordestinos, aceitam comprar menos para salvar empregos no Sudeste?

Adicionalmente, os mecanismos de subsídio ou incentivos fiscais presentes em medidas de política industrial usualmente transferem renda de toda a população para alguns poucos setores, em geral intensivos em capital e mão de obra especializada e com baixa geração de empregos. Assim, o que vem sendo defendido como interesse geral da nação – ao se confundir, propositalmente ou não, objetivos específicos de um grupo econômico com o bem-estar de todos – irá certamente provocar uma piora na concentração de renda e beneficiar um grupo muito restrito.

Isso, obviamente, não tem sido parte do discurso protecionista, do clamor contra a desindustrialização e é convenientemente esquecido por aqueles que pedem controle cambial. Mas é inescapável: as políticas desenvolvimentistas acima são socialmente injustas.

Os poucos defensores da proposta de controle cambial com formação teórica razoável reconhecem envergonhadamente que, para não provocar inflação, a desvalorização teria de vir acompanhada de elevação do superávit primário, mas não informam aos incautos entusiastas de suas ideias que o superávit teria de subir dos atuais 3% para, no mínimo, 6% do produto interno bruto (PIB).

Isso é politicamente muito difícil. Logo, ou se adotará um controle de câmbio mais agressivo, com reflexos inflacionários e graves consequências sociais, ou se manterão as políticas casuísticas de ajuda à indústria de impacto limitado, mas custo alto. Melhor seria implementar reformas estruturais.

As novas metas

16/5/2012

Desde meados de 2011, uma nova política econômica vem sendo implantada, afastando-se do bem-sucedido tripé formado pela meta de inflação, câmbio flexível e meta de superávit primário que vigorou desde 1999. A mudança iniciou-se com reduções mais arrojadas da taxa Selic, que passou de 12,5% ao ano para os atuais 9%, mesmo diante de um consenso de mercado de que o centro da meta (4,5%) não seria alcançado. Na política cambial, a fim de forçar a desvalorização do real, elevou-se o imposto sobre operações financeiras (IOF) sobre a entrada de capitais para 6%, reduzindo-se a atratividade de aplicações em moeda doméstica, bem como intensificaram-se as compras de reservas pelo Banco Central.

A novidade mais recente na política econômica foi a pressão do Planalto sobre os bancos estatais para reduzirem suas taxas de empréstimos. Do antigo tripé, somente o superávit primário de 3% do PIB parece ainda subsistir, embora sua obtenção dependa crescentemente de receitas extraordinárias e até imaginárias, como depósitos judiciais ainda pendentes de deliberação final da Justiça.

Num momento em que a taxa de crescimento do produto interno bruto (PIB) patina, devendo ficar abaixo de 3% em 2012, o objetivo da política de juros adotada é incentivar o consumo e o investimento. Embora não seja uma taxa baixa frente à experiência recente, está muito aquém do desejo do governo, que ainda sonha com os 4,4% ao ano que caracterizaram em média os anos de bonança do governo Lula. Para isso ele empenha todas as armas de seu arsenal. Até o momento, a agressiva redução da taxa Selic não comprometeu o controle da inflação, embora as previsões para 2013 sejam menos otimistas. Mas o fato de as taxas de juros reais de longo prazo terem também caído abaixo de 5% ao ano indica alguma confiança em que o país caminha para taxas reais de equilíbrio permanentemente mais baixas.

A utilização dos bancos públicos para liderar a redução dos juros sobre empréstimos pode ser entendida como uma tentativa de empurrar um mercado oligopolizado na direção de um comportamento mais competitivo. Em princípio, quando dois grandes *players*, como a Caixa Econômica Federal (CEF) e o Banco do Brasil (BB), baixam coordenadamente suas taxas de empréstimos, pode-se potencialmente gerar um novo equilíbrio com *spreads* bancários mais baixos. Em que pese o fato de a estratégia prejudicar os acionistas privados do Banco do Brasil, cumpre reconhecer que bancos públicos não deveriam se comportar como os privados, que se guiam pela maximização de lucros, mas ter como objetivo maximizar o bem-estar da sociedade. Se a manobra for bem-sucedida, os ganhos para a sociedade podem suplantar as perdas.

Mas a agressiva ênfase na redução das taxas de juros envolve riscos. Até o final de 2010, a política monetária tinha como objetivo coordenar as expectativas inflacionárias. Choques de oferta desviavam temporariamente as expectativas inflacionárias de curto prazo do centro da meta, mas a credibilidade do Banco Central era evidenciada pelo fato de as previsões com prazo mais extenso se situarem em torno de 4,5% ao ano. A nova política econômica aparentemente definiu novos parâmetros: uma meta para a taxa nominal de câmbio – será que R$ 2,00 satisfazem os industriais? – e outra para a taxa de juros de empréstimos bancários, enquanto o Banco Central parece considerar sua tarefa cumprida quando a taxa de inflação não supera 6,5% ao ano, isto é, o topo da meta. Quem hoje crê que a inflação dos próximos 36 ou 48 meses ficará em 4,5% ao ano? A previsão mais popular está algo em torno de 5,5%. Esse cenário poderá levar os agentes econômicos a tomarem medidas mais defensivas (por exemplo, maiores reajustes de preços) frente a aumentos futuros da incerteza econômica, o que elevará consideravelmente o custo das políticas anti-inflacionárias.

Há perigos também no uso dos bancos públicos para redução dos juros. A CEF já carrega em seu portfólio 100% dos empréstimos imobiliários à baixa renda. São devedores de alto risco. Além disso, a expansão agressiva do crédito durante a crise de 2008 necessariamente implica devedores selecionados com menos cautela. A preservação dos *spreads* – apesar da queda da taxa Selic – e o aumento recente da inadimplência bancária são sintomas de que a qualidade da carteira do sistema bancário piorou.

Mesmo baixando suas taxas de empréstimos, os bancos privados terão uma seletividade maior que os públicos. Estes tendem a ficar com os tomadores mais arriscados. Qualquer choque negativo implicará aumento adicional da inadimplência e abalo da saúde financeira da Caixa e do BB. Como o governo não vai permitir que eles quebrem, ou mesmo que cheguem perto disso, podem-se prever, no futuro, vultosos aportes do Tesouro a esses bancos. Isso já ocorreu no passado, e a conta para os contribuintes foi sempre salgada.

O elevado crescimento nos anos Lula resultou parcialmente da combinação das reformas implantadas por FHC com os termos de troca favoráveis ao Brasil. Esses frutos já foram colhidos. Desde a interrupção das reformas institucionais desencadeada pela crise do mensalão, a única mudança significativa implantada pelo governo do PT foi o fundo de pensão dos servidores, mesmo assim somente para novos servidores. Não será mudando o que deu certo desde 1999 e arranhando a credibilidade do Banco Central que o crescimento estável será alcançado.

Aqui até governo paga imposto

20/6/2012

Uma peculiaridade brasileira é gerar fatos impensáveis em outros países. Nossa independência foi obra de Pedro I, um português, filho do rei de Portugal. A República foi proclamada por Deodoro da Fonseca, um marechal monarquista que fez questão de ser enterrado com as medalhas que recebera do imperador por ele deposto. A abertura política foi conduzida por Sarney, presidente do antigo PDS, o partido dos militares que sucedeu a antiga Arena.

Por ocasião da Assembleia Nacional Constituinte, devedores que haviam tomado empréstimos durante o ano do Plano Cruzado, inebriados pela ilusão de que não seriam pegos no contrapé com a volta da inflação, organizaram um movimento cujo objetivo era forçar os bancos a perdoar parte de suas dívidas. No momento da votação, coube a um deputado do partido comunista, Roberto Freire, sair em defesa dos bancos com uma emenda que restringia o benefício a um determinado valor não muito alto. Um incauto estrangeiro de passagem por Brasília perguntaria estupefato: "Como pode um parlamentar comunista sair em defesa de bancos que cobram juros excessivos?" Freire fora informado de que os bancos privados, por serem mais ágeis que os públicos, já haviam renegociado seus créditos, de modo que a bonança recairia somente sobre os bancos públicos, isto é, sobre o contribuinte. Pensando no bem comum, Freire agiu prontamente.

Nesta semana, o ministro dos Esportes, deputado Aldo Rebelo, do mesmo partido comunista, foi homenageado em clima de festa durante a comemoração que marcou a posse do novo presidente da Frente Parlamentar da Agropecuária. Em seu discurso, Aldo inflamou os ruralistas com um duro discurso contra ONGs estrangeiras que lutam pela preservação do meio ambiente. O mesmo incauto estrangeiro indagaria: "Como pode um parlamentar comunista sair em defesa de latifundiários que desmatam abertamente?" Deixaremos ao leitor a resposta.

Mais casos surpreendentes? No Brasil, o gasto com o seguro-desemprego aumenta justamente quando a taxa de desemprego cai! Em 2012 deve atingir R$ 40 bilhões. Como explicar? Fraudes? Elas existem, mas não justificam a magnitude do fenômeno. Parte da explicação está na maior formalização no mercado do trabalho, que amplia o universo de trabalhadores com acesso ao seguro. Mas a causa principal são os incentivos econômicos embutidos nas regras que regem o seguro: para receber o benefício durante três meses, basta que o trabalhador comprove vínculo empregatício por no mínimo seis meses e no máximo 11 meses, nos últimos 36 meses. Assim, em momentos de baixo desemprego, muitos trabalhadores forçam sua demissão para receber o seguro – e também o FGTS, que lhes rende juros reais negativos –, pois não temem ficar desempregados após o término do prazo de pagamento do seguro.

Na semana passada, o *Valor* publicou um interessante artigo onde Ribamar Oliveira descreve as condições impostas pelos parlamentares das regiões Norte e Nordeste para aprovar a Medida Provisória nº 564, que criou o programa Brasil Maior e autorizou uma capitalização de R$ 100 bilhões para o Banco Nacional de Desenvolvimento Econômico e Social (BNDES). Segundo seu relator, deputado Danilo Fortes (PMDB-CE), "a medida foi concebida com uma visão muito voltada para o Sudeste". O resultado da barganha parlamentar junto ao governo foi uma transferência de R$ 4 bilhões para o Banco do Nordeste do Brasil (BNB) e outra de R$ 1 bilhão para o Banco da Amazônia (Basa). Também está sendo negociada uma alteração da Lei nº 7.827 de modo a "conceder aos bancos administradores dos fundos constitucionais maior flexibilidade para negociar as operações que descumpram os contratos".

Conclui-se que não apenas os empresários daquelas regiões vão ter mais recursos subsidiados para tomar no futuro, como terão facilidades na renegociação da inadimplência de recursos tomados no passado. E, diga-se de passagem, o histórico de inadimplência em relação aos fundos constitucionais é mais um exemplo de "coisas que só acontecem no Brasil".

Até 2000, devido a práticas contábeis pouco ortodoxas, a taxa de inadimplência dos empréstimos do Fundo Constitucional do Nordeste (FNE) oscilava em torno de 2%. No entanto, em 2001, o Banco Central forçou o Banco do Nordeste, o administrador desse fundo, a registrar todos os empréstimos vencidos como inadimplentes, uma vez que estes estavam sendo classificados como "sob renegociação" ou sendo renovados sem qualquer pagamento. Com isso a taxa de inadimplência do FNE saltou, de um dia para o outro, para 31,5%. Isto é, um terço dos valores dos empréstimos – já altamente subsidiados – não era realmente pago! Aos poucos, essa taxa foi sendo reduzida, mas com a "maior flexibilidade para negociar as operações que descumpram os contratos", provavelmente crescerá novamente.

O episódio acima mostra que, sobre os R$ 100 bilhões que o governo decidiu transferir ao BNDES para financiar campeões nacionais escolhidos por seus burocratas, incidirá uma alíquota de 5% de imposto cujos beneficiários serão alguns privilegiados das regiões Norte e Nordeste. Com sua incompreensível política industrial, o Brasil tornou-se o único país do mundo onde o governo tributa a si mesmo. Oxalá o aumento do custo dessa política convença o governo a suspendê-la, dado que os benefícios continuam onde sempre estiveram: baixos e muito concentrados em grandes grupos empresariais, o que, convenhamos, é mais um exemplo de política tipicamente brasileira.

Filme velho, final infeliz

18/7/2012

Ao estudar as causas da pobreza em muitos países, identificam-se dois grandes grupos: insuficiência de fatores de produção e incapacidade de utilizá-los para gerar produção. No primeiro caso, diante da penúria de capital físico (infraestrutura, máquinas) e/ou de capital humano (nível médio de educação), a receita para o crescimento é o investimento. No segundo, sendo o problema a falta de eficiência – ou produtividade total dos fatores (PTF), no jargão dos economistas –, a receita é mais complexa, pois exige reformas institucionais e/ou políticas, redução de barreiras ao fluxo de produtos e à absorção de tecnologias, melhoria do ambiente de negócios, entre outras medidas.

De acordo com a evidência atualmente disponível, a eficiência produtiva é tão ou mais importante que a disponibilidade de fatores para se explicar a diferença de renda *per capita* entre países e também o ritmo de sua evolução. Comparando-se o produto por trabalhador no Brasil com o observado nos EUA, embora o resultado mude um pouco dependendo da metodologia adotada, calcula-se que pelo menos 50% da diferença sejam causados por baixa eficiência. Verifica-se, adicionalmente, que os períodos de crescimento acelerado são também aqueles em que a produtividade total dos fatores cresceu rapidamente; e os períodos de estagnação ocorrem quando ela estabilizou-se.

O gráfico descreve o comportamento recente da PTF no Brasil, calculado pelo Ibre-FGV. A linha mais grossa representa a PTF trimestral, e a mais fina, sua média móvel em quatro trimestres.

Eficiência da indústria
Produtividade total dos fatores

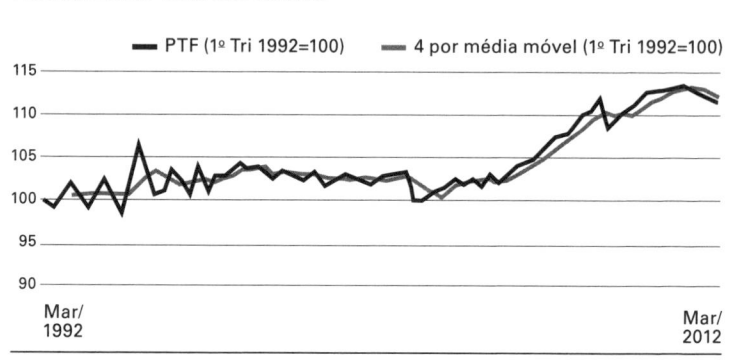

— PTF (1º Tri 1992=100) — 4 por média móvel (1º Tri 1992=100)

[Gráfico: eixo Y de 90 a 115; eixo X de Mar/1992 a Mar/2012]

Fonte: IBRE/FGV

Até meados de 2005, a eficiência produtiva estava estagnada. Apesar de existir forte evidência estatística de que a PTF da indústria tenha aumentado muito após a abertura econômica promovida de 1988 a 1990, os ganhos não se estenderam para o resto da economia. A partir de 2005, a PTF agregada passa a crescer de forma acelerada. No começo de 2010, ela estanca. Desde junho de 2011, passa a cair.

O que explica a trajetória acima? Entre 1995 e 2005, período que engloba os dois governos FHC e os três primeiros anos do governo Lula, um grande número de reformas econômicas e institucionais modernizantes foi implantado no país. Além da estabilização de preços, promoveu-se a privatização de vários serviços públicos, criaram-se as agências reguladoras, adotou-se a Lei de Responsabilidade Fiscal, implantou-se o sistema de metas de inflação, aprovou-se a nova legislação de falências e do crédito, para citar apenas as mudanças principais. Além disso, reduziu-se o uso político das empresas e bancos estatais, e o BNDES, depois de cuidar das privatizações no governo FHC, teve um comportamento mais passivo na era Palocci. Essas mudanças aperfeiçoaram os incentivos econômicos, reduziram as distorções e melhoraram o ambiente de negócios.

Não é coincidência que, decorrido um período de maturação desse conjunto de medidas, a partir de 2005 se observe um aumento generalizado da eficiência da economia brasileira, algo antes restrito a alguns setores. É verdade que, a partir daquele ano, a economia nacional foi ajudada pelo o crescimento vertiginoso da China e por uma situação internacional favorável. Mas, como em outros momentos da história do país, o crescimento da PTF explica muito do crescimento do produto observado a partir de 2005. Lula surfou a onda em prancha herdada de FHC.

Mas, com a saída de Palocci em 2005, as reformas estruturais foram interrompidas e, sobretudo após a crise de 2008, muitas delas acabaram parcialmente revertidas pelo retorno do ativismo nacional-desenvolvimentista à cena econômica. O diagnóstico de que o modelo liberal havia sido desmascarado pela crise dos *subprime* serviu de justificativa para a adoção de um conjunto de medidas que parecia seguir um manual de como diminuir a PTF: a política industrial financiada por enormes transferências do Tesouro para o BNDES – a um custo de oportunidade estimado de R$ 15 bilhões por ano – distribui generosos subsídios a grupos específicos de empresas vencedoras escolhidas sem qualquer critério racional ou metas de desempenho; a passional exigência de conteúdo nacional em compras de empresas públicas e financiadas pelo BNDES, também sem metas de desempenho e cronogramas, desconsidera vantagens comparativas; o uso da Petrobras como instrumento de política econômica e combate à inflação solapa-lhe a produtividade; barreiras ao comércio internacional desestimulam a competição etc.

Não foi por acaso que a eficiência da economia brasileira estagnou desde o início de 2010. E, em que pese à conjuntura desfavorável internacional, não surpreende também o baixo crescimento do produto. Assiste-se à repetição de um filme sem final feliz. O acelerado crescimento dos anos 1968-1973, período conhecido como o do "milagre brasileiro", decorreu das reformas econômicas e institucionais implantadas entre 1965 e 1967 pelo Plano de Ação Econômica do Governo (Paeg) durante o governo Castello Branco. A estagnação dos anos 1980, por sua vez, deve muito às distorções do II PND da era Geisel, que introduziu barreiras comerciais, favorecimento de conteúdo doméstico, crédito subsidiado e direcionado, aumento da presença estatal na indústria, desmontando parcialmente as reformas do Paeg.

Diferentemente do passado, a atual situação fiscal brasileira é relativamente sólida. É improvável a volta da inflação, mas as distorções introduzidas após 2008 devem levar o país à estagnação, apesar dos juros baixos. Como se dizia no passado, "pra frente Brasil!", mas agora bem lentamente.

Minha Casa Minha Vida e o FGTS

15/8/2012

O Fundo de Garantia do Tempo de Serviço (FGTS) foi instituído em setembro de 1966, durante o governo Castello Branco, como compensação concedida aos trabalhadores celetistas pela eliminação do antigo estatuto da estabilidade no emprego (EEE) alcançada após 10 anos de serviço na mesma empresa. Com um depósito mensal de 8% do salário a encargo do empregador, o trabalhador celetista passou a receber anualmente um $14^{\underline{o}}$ salário equivalente a 104% (= 8% × 13) do salário mensal.

O fim do EEE eliminou uma grande fonte de ineficiência econômica, pois as empresas, para escapar de possíveis acomodações estimuladas por aquela regra, demitiam seus funcionários pouco tempo antes de eles atingirem o teto de 10 anos. Perdiam-se, dessa forma, preciosos anos de experiência profissional, acarretando redução da produtividade do trabalho e, consequentemente, queda de salário real. Além de gerar uma nova fonte de poupança de longo prazo para financiar obras de saneamento e habitações populares, o FGTS permitiu a muitos trabalhadores adquirir uma moradia, bem como formar um pecúlio para a aposentadoria e períodos de desemprego.

Inicialmente, os recursos recebiam correção monetária integral, acrescida de juros reais entre 3% e 6% ao ano, em função do prazo de permanência no mesmo emprego. Posteriormente, a regra foi modificada, fixando-se a taxa real de juros em 3% ao ano. Durante os anos de elevada inflação, sobretudo naqueles em que houve choques heterodoxos, os depositantes do FGTS sofreram perdas em relação à inflação, o que levou a acirradas disputas judiciais.

Entre o lançamento do Plano Real e a adoção da flutuação cambial em janeiro de 1999, diante da elevadíssima taxa real de juros paga pelo Tesouro aos aplicadores em títulos públicos, concedeu-se ao FGTS uma rentabilidade real de 8,6% ao ano. Veja tabela.

Rentabilidade reais – pelo IPCA
% ao ano

	FHC1	FHC2	LULA1	LULA2	DILMA*
FGTS	8,6	-2,5	0,0	-1,0	-0,9
Selic	21,6	10,2	11,3	5,6	5,5

* Taxa atualizada nos 17 meses entre jan 2011 e julho 2012

Posteriormente, devido à mudança da fórmula de cálculo da taxa referencial (TR), que deixou de ter qualquer vínculo realista com as taxas de mercado e/ou com a inflação, a rentabilidade do FGTS ficou sistematicamente abaixo da inflação. Nos 12 anos compreendidos entre junho de 2000 e junho de 2012, a perda real acumulada do FGTS atingiu 16,2%, o que corresponde a uma taxa real de juros negativa de –1,46% ao ano.

Somente ao longo do governo Dilma Rousseff a perda acumulada no FGTS alcançou 1,47%. Se os recursos depositados no FGTS fossem geridos pelos mesmos critérios que balizam as aplicações dos fundos de pensão, teriam alcançado rendimento real de 5,5%, e não –0,9%. Pode-se interpretar a diferença de 6,4% ao ano como uma alíquota de imposto que incide sobre o saldo de cada trabalhador celetista no FGTS. Os demais trabalhadores do setor formal da economia, tais como profissionais liberais autoempregados, servidores públicos e empresários, por não terem recursos compulsoriamente aplicados no FGTS, são isentos desse imposto.

Se os trabalhadores celetistas perdem ao serem obrigados a manter recursos tão mal investidos, para onde vão os recursos? No momento, um dos principais beneficiários da equação financeira do FGTS são as famílias modestas que recebem subsídios do programa Minha Casa Minha Vida (MCMV). Juntamente com o Bolsa Família, o MCMV é um programa social excelente, pois concede subsídios a pessoas realmente pobres, ao contrário dos créditos subsidiados concedidos à larga por vários bancos de fomento – BNDES, Banco do Nordeste, Banco da Amazônia e outros – a grandes empresas. Não se questiona aqui o destino dos subsídios, mas sim sua origem: por que um grupo de brasileiros – os trabalhadores celetistas – é forçado a custear o MCMV, enquanto outros – profissionais liberais, servidores públicos e empresários – não carregam parte desse fardo com tão nobre destinação?

Nesse sentido parece-nos socialmente mais justo que os subsídios para o MCMV sejam pagos pelo Tesouro – isto é, por todos os brasileiros –, e que os recursos do FGTS voltem a ser reajustados em termos reais, não mais se punindo uma extensa classe de trabalhadores.

Além da injustiça em relação aos celetistas, o rendimento real negativo do FGTS estimula a rotatividade no trabalho, pois a demissão sem justa causa permite a liberação dos recursos para que sejam mais bem investidos em outra aplicação. Não raros são os casos em que o trabalhador, ao ver seu saldo ser corroído pela inflação, em conluio com seu empregador, simula uma demissão sem justa causa para poder sacar seu saldo do FGTS. Nesses casos, a multa rescisória é devolvida pelo trabalhador demitido ao empregador que logra, por esse mecanismo, retirar recursos da empresa sem que sejam tributados.

A intervenção governamental na intermediação financeira brasileira tem levado as distorções ao paroxismo. Enquanto os tecnocratas do BNDES escolhem ganhadores, os da CEF escolhem perdedores. O que surpreende é que nem os representantes dos trabalhadores no Conselho Curador do FGTS (seis centrais sindicais) e muito menos os partidos de oposição tenham se posicionado contra isso.

Restringir importações: má ideia

19/9/2012

Nos últimos anos, o Brasil vem assumindo uma postura francamente hostil ao comércio exterior, coibindo a concorrência dos produtos importados. Pouco a pouco, as reformas liberalizantes dos anos 1990 vão sendo revertidas. O recente aumento das tarifas de importação de 100 produtos constitui somente mais um passo nessa direção. O Brasil é hoje um dos países que mais aplica medidas *antidumping* no mundo, instrumento que deveria se restringir aos produtos que recebem subsídios ilegais em seus países de origem. Não se pode esquecer que a tarifa média brasileira, cerca de 12% antes do recente aumento, é muito superior à média mundial. Ao somar todas as taxas e tributos incidentes sobre importados, conclui-se que o Brasil está entre os países mais fechados do mundo. O resultado se reflete em baixo volume de comércio exterior.

A restrição aos produtos importados é uma péssima política de longo prazo para a economia brasileira, embora, no curto prazo, seja ótima para os acionistas e trabalhadores dos setores protegidos. Não há muita controvérsia entre os economistas a respeito das implicações das restrições ao comércio exterior sobre a perda de bem-estar para a sociedade: elas encarecem produtos e restringem as escolhas dos indivíduos. E em relação ao crescimento e produtividade da economia?

O argumento de que a proteção aumentará a competitividade dos setores protegidos não faz qualquer sentido quando por "competitividade" entende-se produtividade. Ao contrário, há argumentos suficientes – e evidência estatística abundante – de que a abertura comercial eleva a produtividade e a eficiência da economia. A vantagem conquistada no presente por meio de barreiras ao comércio implica perda de produtividade no médio e até no curto prazo.

Os argumentos são muitos. Como estaria a China sem insumos de produção importados? Como a produtividade do campo naquele país é muito baixa e a oferta doméstica de minerais muito limitada, uma parcela muito grande da força de trabalho teria de permanecer na região rural para suprir o mercado local com esses produtos. Assim, haveria escassez de trabalhadores para a indústria que, além disso, pagaria mais caro pelas matérias-primas chinesas do que paga hoje pelas importadas. Em artigo ainda em preparação, Pedro Ferreira e Marcelo Santos calculam, por meio de simulações computacionais, que o produto por trabalhador chinês cairia a menos da metade do valor atual, caso se impusessem restrições drásticas às importações. Obviamente, trata-se de uma argumentação por redução ao absurdo. Mas o ponto relevante é que a importação de bens em cuja produção a China revela-se pouco eficiente permite uma alocação melhor de recursos e uma especialização em setores nos quais sua eficiência é muito alta, aumentando a produtividade de toda a economia.

Um segundo argumento é que o protecionismo exacerbado revela-se particularmente deletério ao crescimento quando atinge a importação de bens de capital. A importação de máquinas, equipamentos e produtos intermediários – alvo de grande parte das últimas medidas protecionistas – constitui um importante veículo de absorção de tecnologia de ponta embutida nesses produtos. Diante do encarecimento dos bens de capital e bens intermediários, as firmas nacionais veem-se compelidas a adotar tecnologias menos avançadas, o que reduz a eficiência da produção local e aumenta seu preço. O encarecimento de bens de capital e de bens intermediários propaga ineficiências mais intensamente que restrições à importação de bens finais de consumo, pois afeta não apenas diretamente como também indiretamente os setores que os utilizam como insumos em alguma etapa do processo produtivo.

Finalmente, a pressão da concorrência de importados induz as firmas domésticas a promover melhorias de produtividade e gestão para sobreviverem ou manterem participação no mercado. Afinal, a adoção de tecnologias e de novas técnicas de gestão envolve custos e riscos que podem ser evitados na ausência de concorrência. Ademais, a entrada de importados no mercado doméstico reduz o poder de monopólio das firmas locais e, portanto, seus preços. Isso não só induz a melhorias de produtividade como beneficia os consumidores.

Os produtores nacionais têm razão quando reclamam da péssima infraestrutura e de uma estrutura tributária excessivamente burocrática e distorcida, fatores que reduzem a produtividade e aumentam o custo de produção no país. Números da pesquisa "Ease of Doing Business" do Banco Mundial, que mede e compara ambientes de negócios no mundo todo, mostram que o tempo gasto com pagamento de impostos no Brasil é cerca de sete vezes maior que a média da América Latina e 14 vezes maior que na OCED. O total de impostos e contribuições sobre salários como proporção dos lucros é mais que o dobro que a média da América Latina.

Entretanto, e como já se enfatizou algumas vezes neste espaço, a solução para uma distorção não deve ser a imposição de uma segunda distorção. A proteção aos setores menos produtivos reduz a eficiência e competitividade do país. A maior proteção contra a competição de importados mantém inalterado o problema original e adiciona um novo. A proteção excessiva beneficia temporariamente um grupo limitado de setores e firmas, mas prejudica não só os consumidores, mas a economia como um todo no longo prazo.

Oportunidade perdida

17/10/2012

A inédita queda do juro real observada a partir de 2011 gerou uma oportunidade histórica para a implantação de duas reformas estruturais: a reforma tributária e a ampliação do mercado de capitais. Infelizmente, nenhuma delas está em pauta.

Após a redemocratização, a Constituição de 1988 criou pressões fiscais gigantescas que levaram à hiperinflação. O Plano Real extinguiu a inflação, mas, ao eliminar o imposto inflacionário, colocou o país numa acelerada espiral de endividamento público. Enquanto pairaram dúvidas sobre a solvência da dívida pública, os juros pagos pelo Tesouro permaneceram elevados. A reversão da trajetória explosiva da dívida pública não se deu por contenção de gastos – estes permaneciam rigidamente determinados pela opção política incrustada na Constituição –, mas por aumento de receitas.

A urgência em levantar recursos para preservar a estabilidade monetária levou à adoção de impostos que desconsideravam as distorções microeconômicas por eles geradas. Isso ocorreu no âmbito federal com a criação das contribuições – impostos que não são repartidos com os Estados – e também no estadual, onde a guerra fiscal se tornou a regra. Os impostos tornaram-se cada vez mais elevados, distorsivos e de administração complexa, implicando grande incerteza jurídica.

Embora a necessidade de racionalização da estrutura tributária seja consenso entre os analistas, a negociação política que a envolve não avança, pois qualquer mudança terá ganhadores que a defendem e perdedores que a bloqueiam. Os sucessivos impasses no Confaz, não raro seguidos de disputas judiciais relativas às decisões negociadas naquele órgão, são reflexos disso. A adoção de uma reforma que dê simplicidade e racionalidade à estrutura tributária brasileira só se viabilizará politicamente caso um dos agentes públicos envolvidos assuma o papel de perdedor.

Desde o início da industrialização, em meados do século passado, o mercado de financiamento de investimentos privados de longo prazo teve seu desenvolvimento atrofiado por diferentes causas. A inflação gerava incertezas que inibiam a demanda por papéis privados. Após a queda da inflação, a manutenção de um elevado juro real sobre os títulos da dívida pública – mesmo de curto prazo – inviabilizava a emissão de títulos privados de longo prazo.

Em 2008, quando o governo Lula reagiu à crise do *subprime* com uma política fiscal expansiva, em vez de se limitar à política monetária expansiva, perdeu-se uma boa oportunidade de dar início à queda do juro real no Brasil. Em 2011, diante da crise das dívidas europeias, o governo Dilma optou por conter a pressão recessiva, adotando uma política monetária flexível em vez de aumentar os gastos públicos. O resultado foi uma inédita queda dos juros básicos da economia brasileira. Hoje o Tesouro emite títulos com 20 anos de prazo de vencimento pagando juros reais de apenas 4% ao ano. Trata-se de uma taxa elevada para padrões internacionais, mas baixíssima para os nacionais.

Essa queda do juro real de longo prazo criou uma oportunidade ímpar para atacar dois coelhos com uma cajadada só. Por um lado, com uma dívida líquida em torno de 40% do produto interno bruto (PIB) no início daquele ano, a União poderia ter orquestrado uma ampla reforma tributária, usando a economia fiscal proporcionada pela queda dos juros para custear a eventual perda fiscal decorrente da reforma.

Por outro lado, os investidores institucionais – fundos de pensão, seguradoras, fundos de abertos da rede bancária etc. –, por muitos anos acostumados a receber juros reais de dois dígitos anuais investindo em títulos públicos de curta maturidade e baixo risco, estão perplexos diante de uma taxa de retorno inferior à metade do que obtinham há apenas poucos anos. São investidores potencialmente dispostos a comprar títulos privados de longo prazo emitidos por empresas nacionais para financiar seus investimentos, cobrando para isso um pequeno prêmio sobre o retorno dos títulos federais. Os riscos seriam devidamente precificados a mercado, alocando-se os recursos aos projetos mais viáveis economicamente.

O que faz o governo? Em vez de usar a folga fiscal proporcionada pela queda dos juros para viabilizar a reforma tributária, distribui casuisticamente isenções aos setores "estratégicos" ou com forte poder de pressão. Em vez de impulsionar o mercado de capitais, emite 7% do PIB em títulos federais com os quais capitaliza o BNDES. Esse banco, após repassar a mercado os títulos recebidos do Tesouro para os investidores institucionais, utiliza os recursos para conceder empréstimos a empresas privadas a um custo muito abaixo daquele que estas obteriam no mercado doméstico. Ao fazê-lo, estatiza o risco do financiamento de longo prazo ao mesmo tempo que inibe o desenvolvimento do mercado de capitais. Como efeito colateral, ao tornar menos claras as contas públicas – por exemplo, o subsídio ao BNDES não é contabilizado, mas os dividendos que este distribui são utilizados para inflar o superávit primário –, o governo introduz um elemento de incerteza no ambiente macroeconômico que torna ainda mais complicada a formação de um mercado para financiamentos de longo prazo.

Insistindo no mesmo diagnóstico

21/11/2012

Se uma mentira repetida mil vezes pode se transformar em uma verdade, uma verdade repetida mil vezes deveria se transformar em uma obviedade. Essa verdade é que o Brasil tem um sério problema de (in)eficiência. A eficiência – ou produtividade total dos fatores, no jargão economês – é determinante para o crescimento. Como pouco se avançou nessa dimensão, dificilmente o país crescerá a taxas aceleradas em um futuro próximo.

O diagnóstico do governo parece ser que o lento crescimento do Brasil decorre de uma insuficiência na demanda. Assim, o arsenal de políticas utilizadas nos últimos tempos busca incentivar o investimento, o consumo e a exportação. Associado a essa visão de crescimento puxado pela demanda há a crença no papel central da indústria, seja pela sua dinâmica de inovação, seja pela sua capacidade de induzir atividade em outros ramos da economia. Tem-se aqui a outra perna das políticas de crescimento atuais, que se revelam, por exemplo, no crescente protecionismo e fechamento da economia contra a concorrência internacional.

Várias medidas vêm sendo tomadas para incentivar o investimento. O gradual fechamento da economia busca, teoricamente, aumentar a lucratividade da indústria e induzir gastos de capital. A taxa de juros está em seu mais baixo patamar na história recente do país, e as transferências vultosas do Tesouro para o BNDES permitem que este empreste, quase sem limites, a taxas subsidiadas, ao setor privado. Ainda assim, a taxa de investimento da economia não dá sinais de responder.

A interferência no mercado de câmbio seria outra medida de indução do crescimento via demanda. O dólar teve valorização de 30% em relação ao real. Isso deveria provocar um aumento das exportações e contração das importações. Entretanto, seja devido à crise na Europa, ou uma clara hostilidade às importações que acaba por encarecer custos de produção dos bens exportados, o fato é que as exportações não responderam à mudança no câmbio.

Quanto aos gastos do governo, observa-se uma decidida expansão e medidas pontuais de desoneração tributária (redução do IPI dos automóveis). De acordo com os tradicionais manuais de cursos de graduação em economia, o aumento dos gastos do governo – ou redução dos tributos – deveria ter um efeito multiplicador sobre a economia e um significativo impacto sobre a demanda privada e o crescimento. Entretanto, talvez porque os gastos sejam de "má qualidade" – os investimentos públicos teimam em não aumentar –, ou porque o diagnóstico esteja errado, o fato é que o acelerado crescimento dos gastos públicos até o momento não teve qualquer impacto significativo sobre o crescimento da economia. A menos, é claro, que a expansão das compras de automóveis no mês de agosto possa ser classificada como "crescimento sustentável de longo prazo".

Os sinais de que o problema não é insuficiência de demanda são claros. A taxa de desemprego brasileira está em nível historicamente baixo, indicando que o país encontra-se próximo do pleno emprego. Se houvesse fraca demanda, os preços deveriam apresentar tendência de queda, mas o que se observa é a inflação acima da meta. Não fosse por desonerações e controles de preços administrados – como o dos combustíveis –, a inflação já teria estourado seu limite superior.

Como já repetido inúmeras vezes neste espaço, a eficiência produtiva brasileira é baixa e a evidência recente é de que esteja caindo. A partir de uma dada quantidade de fatores de produção

– máquinas, estruturas, capital humano e trabalho –, produz-se no Brasil cerca de metade do que seria produzido nos Estados Unidos e demais economias líderes. Enfrentar o problema da (in)eficiência requer políticas totalmente diversas das que vêm sendo implementadas no país. São necessárias instituições estáveis, maior garantia de contratos, regras claras, regulação bem desenhada, maior abertura comercial e uma estrutura tributária menos distorsiva e burocrática.

Ao errar o diagnóstico, mesmo medidas que visariam aumentar a "competitividade" acabam reduzindo a eficiência no longo prazo. É fato que as tarifas de eletricidade no Brasil são altas. Entretanto, o modo como se busca reduzi-las – de forma unilateral e utilizando uma contabilidade algo nebulosa que impõe significativas perdas às empresas do setor – tende a afastar os investidores. O preço da energia será reduzido, mas à custa de menor eficiência e comprometendo a expansão do setor. Na mesma linha, o controle de câmbio, a inflação acima da meta e o superávit primário declinante vêm solapando a credibilidade da política macroeconômica, o que desestimula investimentos de longa maturação.

Países pouco eficientes crescem pouco; países com regras instáveis, menos ainda. A crescente intervenção do governo na economia, o virtual abandono ou "flexibilização" do regime de metas de inflação, o maior protecionismo comercial, a interrupção dos leilões de petróleo, a instabilidade no setor elétrico e a incapacidade do governo em levar a cabo seus investimentos planejados são fatores que apontam para um país menos produtivo e eficiente. Um país que, provavelmente, crescerá a taxas medíocres no futuro.

BNDES: causa, consequência e avaliação

19/12/2012

"O setor privado não gosta disso. Mas eu falo para eles: no dia em que vocês estiverem presentes, emprestando no longo prazo, eu reduzo o BNDES. Não quero aumentar o BNDES, mas sem ele não teríamos investimento no Brasil." Essas palavras foram ditas em julho por uma autoridade do primeiro escalão federal, quando questionada a respeito dos vultosos aportes do Tesouro ao Banco Nacional de Desenvolvimento Econômico e Social (BNDES).

Entre janeiro de 2009 e setembro de 2012, o BNDES recebeu, em aportes do Tesouro, R$ 250 bilhões. Chegam a R$ 276 bilhões em financiamentos quando acrescidos dos retornos obtidos. Esses recursos responderam por 51,4% dos R$ 538 bilhões desembolsados pelo banco no período. Mesmo admitindo-se que sejam integralmente pagos no futuro, a magnitude contrasta com os R$ 16,6 bilhões transferidos pelo programa Bolsa Família, em 2011, a 13,4 milhões de famílias.

Existem situações em que a concessão de subsídios ao investimento privado encontra amparo na boa teoria econômica. Isso ocorre quando os benefícios, do ponto de vista de toda a sociedade, resultantes do investimento privado – geração de empregos em áreas carentes, difusão de tecnologia em regiões atrasadas etc. – ultrapassam aquilo que é considerado pelo empresário. No jargão econômico, diz-se que há "externalidades" geradas pelo investimento privado. Nesses casos, o Estado pode estimular, com subsídios, o empresário a elevar seu investimento, desde que o custo dos subsídios não supere os benefícios da externalidade.

Outra situação em que se justifica o subsídio ao capital privado ocorre quando há entraves incontornáveis – escala mínima de produção, incerteza sobre direitos de propriedade, instabilidade do marco regulatório etc. – que inviabilizam o investimento privado na ausência de um empurrão governamental. No jargão, diz-se que há "falhas de mercado".

A criação do BNDES em 1952, sob a liderança de um economista notadamente liberal como Roberto Campos, deveu-se ao reconhecimento de que externalidades e falhas de mercado justificavam a presença do Estado na intermediação financeira de longo prazo. Na ocasião, as quebras de contratos decorrentes das encampações de empresas estrangeiras no Estado Novo, a instabilidade macroeconômica que se refletia em frequentes crises cambiais e imprevisibilidade da inflação, a Lei da Usura, entre outras falhas de mercado, levavam o embrionário mercado financeiro nacional a atuar apenas em empréstimos de curto prazo. Para viabilizar investimentos de longo prazo, criou-se o banco de fomento.

Decorridos 60 anos, o país passou por grandes transformações. As crises macroeconômicas deram lugar a uma inédita estabilidade macroeconômica: inflação anual de um dígito, reservas cambiais superiores a um ano de importações, dívida pública líquida decrescente como fração do produto interno bruto (PIB). O Tesouro Nacional emite títulos com 20 anos de maturidade, mesmo pagando taxa real de juros inferior a 4% ao ano, algo impensável há 10 anos.

Diante da superação de muitas das falhas de mercado vigentes quando da criação do BNDES, dever-se-ia esperar que esse banco perdesse importância relativa no conjunto do mercado de crédito nacional, restringindo sua atuação ao financiamento de investimentos geradores de grandes externalidades. Mas o que se vem observando, após a crise do *subprime* de 2008, é a ampliação do BNDES. Parte dessa mudança decorre de uma visão política que, por exemplo, defende a criação de campeões nacionais por meio da aquisição de empresas internacionais por multinacionais brasileiras. Parte resulta da avaliação de que o BNDES é a única alternativa de crédito de longo prazo, e o aumento de seus desembolsos é necessário para alavancar o investimento no país.

Está na hora de avaliar seriamente o retorno, para o Brasil, da atuação recente do BNDES e discutir com a sociedade seu melhor modelo. O corporativismo e a politização excessiva, ao considerarem *a priori* que tudo que o BNDES faz é bom para o país, não ajuda o banco. Por outro lado, excessos ideológicos segundo os quais o contrário sempre ocorreria – "é melhor fechar o banco" – é irrealismo político que não faz avançar o debate. Artigo de Sérgio Lazzarini, do Insper, apresentado recentemente no congresso da Sociedade Brasileira de Econometria (SBE), identificou que os empréstimos do BNDES são substitutos e não complementares ao financiamento privado. O fato de a taxa de investimento não ter apresentado qualquer tendência de crescimento no período em que os empréstimos do BNDES explodiram constitui uma evidência nessa direção. Obviamente, para avaliar com maior precisão o retorno para a sociedade decorrente da atuação do banco, necessita-se de mais estudos.

Após a grande queda da taxa real de juros brasileira, nunca antes na história deste país houve oportunidade tão propícia para induzir o setor privado a entrar no financiamento ao investimento de longo prazo. No passado, como os títulos públicos rendiam juros reais de 15% ao ano, não havia suficiente demanda por títulos privados de longo prazo – ações e debêntures. No presente, o que falta é adequada oferta desses títulos, pois as empresas, em vez de emiti-los, preferem se financiar no BNDES pagando taxa de juros de longo prazo (TJLP), enquanto o banco repassa os títulos federais emitidos pelo Tesouro para capitalizá-lo aos investidores institucionais que não conseguem encontrar títulos privados para comprar. Assim, torna-se difícil identificar o que é causa e o que é consequência: a atuação do BNDES decorre da insuficiência do mercado privado de crédito de longo prazo, ou este não se desenvolve devido à atuação do BNDES?

2013

O FRACASSO DÁ SINAIS

Não há novo regime de desenvolvimento

16/1/2013

Alguns economistas de dentro e fora do governo têm defendido a tese de que o Brasil encontra-se em um novo regime de desenvolvimento, caracterizado por uma quebra estrutural – e radical – em relação ao passado. O novo regime teria o potencial de proporcionar um acelerado crescimento por um longo período, pois as limitações e gargalos do passado teriam sido eliminados.

Os principais pilares do novo regime seriam a baixa taxa de juros e o câmbio menos valorizado. A taxa Selic reduzida a 7,25% ao ano, ou 1,5% real, atingiu seu piso histórico. O câmbio, controlado em banda informal entre R$ 2,00 e R$ 2,10, encontra-se 20% acima da média de 2011. A baixa taxa de juros reduziria o custo do investimento, e o câmbio desvalorizado bem como várias medidas protecionistas dariam uma maior proteção à indústria nacional. Reforçando a redução do custo dos investimentos estariam os financiamentos por bancos oficiais a taxas muito abaixo das praticadas no mercado e mesmo negativas em termos reais. Finalmente, a desoneração da folha de pagamento de setores escolhidos e a redução da tarifa de energia elétrica melhorariam a competitividade da indústria.

De acordo com essa visão, a economia brasileira apresentaria dois possíveis equilíbrios macroeconômicos: um com juros altos e câmbio valorizado; outro com juros baixos e câmbio desvalorizado. O atual governo teria conseguido a proeza de mover o país do primeiro equilíbrio, que não favorecia o crescimento, para o segundo, em que o crescimento vicejaria galhardamente. A mudança inédita de preços relativos exigiria algum ajuste e adaptação dos setores produtivos, o que explicaria o lento crescimento momentâneo e a estagnação da taxa de investimento. Como disse um economista próximo ao governo, o espírito animal de nossos produtores ainda não está funcionando porque o animal estaria trocando de pele.

O diagnóstico da existência de dois equilíbrios possíveis ignora que as condições internas e externas mudaram profundamente. Internamente, após 10 anos de governo de esquerda bem comportado, as antigas bravatas – calote da dívida pública, reversão das privatizações etc. – que provocaram a fuga de capitais de 2002 deram lugar à responsabilidade macroeconômica, reduzindo a avaliação de risco macroeconômico do país. Externamente, após a crise do *subprime* de 2008, a taxa de juros internacional próxima a zero aumentou a disposição dos investidores externos de financiarem o país. Nesse novo ambiente, o Brasil logrou acumular US$ 400 bilhões em reservas internacionais, sendo metade contrapartida da venda de títulos da dívida pública doméstica (denominados em reais!) a investidores externos. As altas reservas aumentaram ainda mais a percepção de baixo risco macroeconômico. Nesse ambiente favorável inédito, a redução gradual da taxa de juros doméstica se deu sem sobressaltos.

Mas juros baixos e câmbio mais competitivo não têm logrado estimular o investimento. Para que a taxa de investimento decole e atinja 25% do PIB, como sonhado por algumas autoridades, seria necessário um aumento significativo da poupança doméstica. É difícil identificar de onde uma poupança adicional de 6% a 7% do produto interno bruto (PIB) viria. O consumo das famílias cresce a taxas elevadas, estimulado por isenções fiscais. Como os gastos correntes do governo aumentam mais rapidamente que o PIB, não se vislumbra maior poupança pública no futuro. Quanto à poupança externa, é irrealista supor que possa financiar um salto dessa magnitude nos investimentos.

O diagnóstico oficial esquece que a taxa de juros e o câmbio são apenas dois entre os vários determinantes do investimento, ignorando o custo dos bens de capital e os riscos microeconômicos. Como é sabido, há uma forte correlação entre investimento e importação de bens de capital, e os custos destes têm subido devido às medidas protecionistas recentes e à desvalorização cambial. Ao mesmo tempo, como já registrado neste espaço anteriormente, há forte evidência de queda recente da eficiência geral da economia, sintoma de aumento dos custos e redução do retorno dos investimentos. Quanto ao câmbio desvalorizado, está para ser demonstrado que esse tipo de proteção será capaz de alavancar o crescimento. Ao contrário, o episódio de mais rápido crescimento da produtividade industrial no país se deu depois da liberalização comercial dos anos 1990, e o país vai, hoje, em direção oposta.

Do lado dos riscos, há maior incerteza microeconômica. Por exemplo, a mudança nos contratos do setor de energia elétrica, pouco negociada junto às partes interessadas, aponta para a possibilidade de ações semelhantes em outros setores regulados. A utilização dos preços da gasolina como política anti-inflacionária e a ameaça de escassez de energia ampliam as incertezas. Mesmo em nível macroeconômico, a queda do risco já comentada acima dá sinais de que pode ser revertida, como atestam as mudanças no regime de metas para a inflação, a contabilidade criativa adotada para cumprir a meta de superávit primário e os sinais de que a Lei de Responsabilidade Fiscal será flexibilizada. Somem-se a isso problemas de longa data, como uma estrutura tributária distorcida e a burocracia.

Em suma, não existe um novo regime de desenvolvimento, e o que há de aparentemente novo provavelmente não vai gerar o crescimento prometido. A estagnação não decorre de uma "troca de pele", de uma adaptação a novos tempos, mas da sensata decisão de um animal que se nega a entrar na floresta devido aos custos e riscos percebidos, preferindo permanecer no seguro campo aberto.

A inadimplência dos bancos privados

20/2/2013

Entre 2007 e 2012, a dívida das estatais com o Tesouro subiu de R$ 10 bilhões para R$ 400 bilhões. A maior parte desse aumento decorreu de empréstimos concedidos pelo Tesouro ao BNDES. Não dispondo de folga fiscal para conceder tais empréstimos, o Tesouro emitiu novos títulos federais que foram entregues ao banco. Após vender ao mercado financeiro aqueles títulos, o banco utilizou os recursos obtidos para conceder empréstimos para empresas privadas realizarem investimentos.

Os recursos reais entregues às empresas não foram fornecidos pelo Tesouro ou pelo BNDES, mas pelos poupadores que, após absterem-se de consumir a totalidade de sua renda, canalizaram a sobra para as empresas por intermédio do mercado financeiro/Tesouro/BNDES.

Por que os poupadores não destinaram às empresas seus recursos excedentes por intermédio do mercado privado, sem que o Tesouro e o BNDES entrassem no circuito? A resposta oficial é que, sem a intervenção pública, os recursos não teriam sido canalizados para investimentos. Mas isso implica que tais recursos teriam sido direcionados para financiar o consumo daqueles que não poupam. Esse diagnóstico, no entanto, é incompatível com a queda do investimento observada nos últimos trimestres, apesar da maciça intervenção pública acima descrita.

Além disso, no mesmo período, observou-se um aumento da inadimplência nos bancos privados, fenômeno que os levou a reduzir o financiamento ao consumo – a ponto de o governo estimulá-lo com isenções fiscais.

Questionado sobre os riscos da elevação da dívida bruta do Tesouro provocada pela operação descrita acima, uma autoridade do primeiro escalão federal comentou que "o BNDES tem a menor inadimplência de todo o setor financeiro – 0,6%. O Banco do Brasil e a Caixa Econômica também possuem inadimplência de cerca de 2%, metade da dos principais bancos privados". A baixa inadimplência dos bancos oficiais seria uma garantia de que o risco para o contribuinte de perda patrimonial associada aos referidos empréstimos é desprezível. Com exceção do custo fiscal do diferencial de juros, a operação seria neutra para o Tesouro. No futuro, superado o desaquecimento atual, as empresas pagariam os empréstimos ao BNDES, que quitaria sua dívida junto ao Tesouro.

Quer se concorde ou não com a explicação da referida autoridade, o fato é que ela levanta um tema pouco discutido pelos analistas econômicos. O que explica o fato de a inadimplência dos bancos oficiais ser mais baixa do que a dos privados? É improvável que os bancos públicos sejam mais eficientes que os privados ao avaliar o risco de crédito. Uma segunda explicação – que preferimos desconsiderar – seria a existência de uma falha na mensuração da inadimplência dos bancos oficiais, que refinanciariam, por alguma razão obscura, devedores incapacitados de honrar dívidas antigas reduzindo a medida de inadimplência.

Embora não acreditemos ser este fator relevante, há que se levar em conta que no passado tal expediente já foi utilizado. Entre 2000 e 2001 os financiamentos em atraso do Fundo Constitucional do Nordeste, administrado pelo Banco do Nordeste (BNB), saltaram de 0,52% para 31,29% dos recursos aplicados – R$ 2,7 bilhões em valores nominais. Não porque tenha ocorrido uma súbita onda de inadimplência na região, mas porque o Banco Central obrigou o BNB a lançar as "operações em atraso, passíveis de negociação" como de fato em atraso. Até então elas eram refinanciadas e não contabilizadas como inadimplentes.

Uma terceira e mais provável explicação está no dilema enfrentado por uma empresa devedora, diante de uma dificuldade de caixa. Tendo de escolher entre honrar um empréstimo junto a um banco que lhe fornece crédito subsidiado e outro que lhe cobra uma taxa de mercado, ela sabe que as portas para novos financiamentos se fecharão no primeiro banco, caso ele sofra sua inadimplência. A decisão empresarial mais sensata, então, é priorizar o serviço da dívida de menor custo, preservando essa fonte barata de recursos para futuros empréstimos, e atrasar o serviço da dívida mais cara, que será objeto de renegociações e brigas judiciais futuras.

O comportamento das empresas com dificuldade de caixa descrito acima implica que, num ambiente econômico em que alguns bancos concedem empréstimos a taxas subsidiadas, o risco corrido pelos demais bancos é maior do que seria na ausência dos subsídios. Conhecendo os incentivos econômicos à inadimplência, a taxa dos financiamentos não subsidiados embutirá um prêmio de risco de modo a estimular a concessão de empréstimos. Parte dos financiamentos será objeto de renegociação, mas a maior taxa compensa as perdas. O equilíbrio de mercado é uma segmentação na qual os bancos com taxas subsidiadas terão menor inadimplência.

A ampliação da presença estatal na intermediação financeira brasileira, desencadeada a partir da crise dos *subprime* de 2008, além de não conseguir elevar o investimento e de ampliar o custo fiscal dos subsídios ao crédito, tem elevado o risco corrido pelos bancos privados. Estes, a fim de se proteger, tendem a ser mais seletivos na concessão de financiamentos aos investimentos. Caso o passado seja um bom previsor do futuro, a retração do setor privado deverá estimular a ampliação estatal. Essa espiral, que poderá agradar setores mais nacionalistas e de esquerda, provavelmente não implicará aumento do investimento da economia como um todo, mas simples realocação entre os dois setores.

Prejudicando a indústria

20/3/2013

Enquanto o atual governo dobra sua aposta na promoção do desenvolvimento mediante uma política industrial casuísta voltada para alguns subsetores e calcada em proteções alfandegárias, pisos para a nacionalização de componentes, bem como crédito farto e subsidiado para campeões escolhidos segundo critérios misteriosos, os Estados Unidos dão uma lição de como estimular a indústria de um país como um todo. Enquanto aqui o Estado escolhe quais competições serão disputadas e quem as vencerá, lá se criam condições propícias para que as vocações naturais despontem.

O caso do etanol é exemplar. No passado, o governo incentivou pesados investimentos na instalação de usinas, expansão da área plantada de cana e ampliação da capacidade de moagem, no intuito de suprir toda uma nova frota de carros flex que gozava de incentivos tributários. Posteriormente, a prioridade passou a ser a contenção da inflação mediante controle do preço dos combustíveis. Como, por motivos tecnológicos, o desempenho do álcool é inferior ao da gasolina, quando a diferença de preço entre os dois é pequena, os consumidores só usam gasolina. Além dos impactos óbvios sobre o balanço da Petrobras e da inutilidade no que se refere ao combate à inflação no médio prazo, o controle artificial do preço da gasolina reduziu a demanda por álcool e, consequentemente, a lucratividade e o valor das empresas do setor. Como resultado, interromperam-se os investimentos em novas usinas e inviabilizaram-se algumas já existentes. O recente aumento do preço dos combustíveis fósseis e também a elevação da proporção de etanol diluída na gasolina prometem algum alento ao setor, mas a revolução verde e a autossuficiência energética foram sacrificadas.

O caso do gás natural revela-se mais grave ainda, pois seu custo afeta não apenas o próprio setor, mas também vários subsetores industriais que o utilizam como insumo. O preço do gás no Brasil está muito acima do preço internacional, e a diferença tende a se agravar devido a inovações tecnológicas que permitiram a exploração das reservas de gás de xisto nos EUA. A nova tecnologia já se tornou bem mais barata que a convencional, e as amplas reservas americanas poderão levar o país à autossuficiência e até à exportação de gás. Em menos de 10 anos, o custo de produção do gás nos EUA caiu 75%. Hoje seu preço é inferior a US$ 3 por milhão do BTU, cerca de um quarto do praticado no Brasil. O gás hoje responde por 30% da produção de eletricidade nos EUA, quando há 10 anos representava somente 18%.

Dados a abundância e o baixo custo do gás, indústrias intensivas nesse insumo – como a petroquímica – estão se instalando nos EUA, algo impensável há uma década. Em consequência, o país começa a observar um ressurgimento da indústria intensiva em energia, enquanto países de alto custo, como o Brasil, vão ficando para trás. Artigo do *Valor* de 13 de março mostra que os setores de química e petroquímica teriam US$ 8 bilhões em projetos parados no país. A Braskem, por exemplo, adiou para 2014 decisões de investimento no Complexo Petroquímico do Rio de Janeiro, dada a falta de competitividade da matéria-prima.

Até agora não se viram iniciativas relevantes envolvendo a exploração de gás de xisto no Brasil. Talvez até o momento não tenha interessado à Petrobras, por ser esta uma empresa semimonopolista na produção de gás natural de petróleo, o que poderia gerar um conflito de interesses na produção de outro tipo de gás. Dado o novo marco regulatório do petróleo, pode ser também que as empresas estrangeiras estejam esperando a Petrobras agir para daí decidir seus investimentos. Caberia à agência reguladora uma atuação um pouco mais firme nesse caso.

Estados como Bahia e Minas Gerais, onde potencialmente se encontram as reservas nacionais de xisto, em vez de lutar pelos *royalties* que sua exploração poderia lhes trazer, preferem dividir o butim dos *royalties* do petróleo extraído de poços já em operação na costa do Rio de Janeiro. Por que gerar novas riquezas se é mais fácil tornar-se sócio das já existentes?

Mesmo que o potencial de produção de gás de xisto brasileiro se revele positivo, há gargalos no marco regulatório que encarecerão sobremaneira sua produção e distribuição. Enquanto o governo brasileiro perde tempo e dinheiro escolhendo e subsidiando empresas campeãs, o alto custo de um insumo industrial fundamental – a energia – afasta novas indústrias do país. Com movimentos erráticos na política econômica – caso do etanol – e problemas regulatórios e falta de planejamento – caso do gás –, o atual governo vem prejudicando o desempenho da indústria nacional. Não seria o momento de abandonar políticas pontuais espasmódicas e tentar entender o que está por trás do incipiente ressurgimento industrial americano? Seria apenas a generosidade divina que dotou aquele país de amplas reservas de xisto? Ou são frutos de regras estáveis e abrangentes, boa regulação e estímulos à inovação tecnológica?

Por que o país não cresce?

17/4/2013

Grande parte da inspiração para as políticas econômicas atuais vêm de um livro publicado por Keynes durante a Grande Depressão iniciada em 1929 e intitulado *A teoria geral do emprego, do juro e da moeda*. Diante da grande capacidade ociosa da economia, para aumentar o produto, Keynes preconizava estímulos à demanda via promoção do consumo e/ou investimento. Com o setor privado relutante em elevar seus gastos, cabia ao governo fazê-lo. Um dos aspectos inovadores daquela teoria era a possibilidade de um aumento do investimento – privado ou público – gerar a própria poupança para financiá-lo. Afinal, a capacidade produtiva necessária para atender à maior demanda por investimento já existia, mas não estava mobilizada.

Esse fenômeno, entretanto, desaparece quando não há capacidade ociosa na economia, pois não se consegue aumentar a produção doméstica no curto prazo. Numa economia que ocupa plenamente sua capacidade produtiva, o aumento de demanda só poderá ser atendido por maiores importações – ou menores exportações. Se não for possível atender no exterior ao excesso de demanda doméstico, a inflação aumentará.

Neste momento, os sinais de que a economia brasileira atingiu seu limite de produção são nítidos: taxa de desemprego historicamente baixa, deterioração do saldo comercial e em transações correntes, pressão inflacionária com alta difusão e vendas no varejo 42% acima dos níveis de cinco anos atrás. Este último número é duas vezes e meia maior que a expansão do produto interno bruto (PIB) no mesmo período.

Não há insuficiência de demanda, mas sim de oferta. No que tange ao fator capital, são frequentes os congestionamentos nos portos, aeroportos, estradas e metrôs. A ameaça de falta de energia paira no horizonte. Quanto ao fator trabalho, à crônica escassez de mão de obra qualificada começa a somar-se uma novidade: a escassez de mão de obra desqualificada, decorrente de mudanças demográficas que diminuíram sua oferta.

Apesar dos claros sintomas de que a resistência do PIB em avançar se deve à insuficiência de oferta, o governo insiste no diagnóstico keynesiano ativando demanda com juros baixos, gastos elevados e cortes de impostos sobre consumo. Diagnóstico errado leva a remédios errados. E o agravante aqui é que esses remédios acabam por prejudicar a eficiência da economia, comprometendo a recuperação do produto que visavam promover. Por exemplo, a fim de impedir que a demanda resvale para maiores importações, estas são restringidas, mas hoje há ampla evidência de que esse tipo de política afeta negativamente a produtividade da indústria. A pressão inflacionária é combatida com controle de preço de combustível – que debilita a Petrobras – e redução de preços da energia – que compromete a capacidade de expansão do sistema gerador – e outras medidas *ad hoc* que afetam o índice de preços mas não as pressões inflacionárias propriamente.

Ademais, o sistema de metas para a inflação foi debilitado. Em vez de convencer os formadores de preços de que a inflação se situará em torno de 4,5%, o Banco Central se limita a manter a inflação abaixo de 6,5%, contando com os cortes de impostos e controles de preços citados acima.

Nada disso é sustentável no longo prazo, o que deteriora as expectativas de potenciais investidores. A expansão da oferta exigiria mais investimentos, que permanecem estagnados devido ao ambiente de negócios adverso.

Quando o Estado não tem dinheiro nem capacidade gerencial para implantar os necessários investimentos em infraestrutura, deve transferir a tarefa para o setor privado. Mas tratando-se de empreendimentos com longos prazos de maturação e vida útil, a atração de investidores privados requer ambiente de negócios favorável, sem riscos regulatórios.

Desde a liberalização comercial dos anos 1990, o país vinha passando por reformas estruturais e institucionais que melhoraram muito o ambiente de negócios e os incentivos para investir no país. O governo petista, durante a gestão do ministro Palocci, promoveu importantes reformas – como a nova lei de falências e a alienação fiduciária para o crédito imobiliário – que, juntamente com um marco regulatório favorável implantado na era FHC, criaram um ambiente propício aos investimentos privados. Ajudado por uma conjuntura externa favorável, colheu-se um período de crescimento vigoroso, com inflação controlada e equilíbrio no balanço em transações correntes.

Mas, a partir da crise do *subprime* em 2008, a avaliação equivocada de que o capitalismo havia desmoronado levou à ressurreição de antigas ideias intervencionistas, revertendo várias das reformas anteriores, cujo clímax foi a mudança do marco regulatório do petróleo, um setor que vinha funcionando muito bem. Desde então, à secular burocracia somou-se enorme incerteza no marco regulatório em vários setores, com mudanças nos setores de energia elétrica, extração mineral, portos, para citar apenas alguns.

Tem-se, por um lado, uma aposta continuamente aumentada em políticas de expansão de demanda, o que não é mais o problema atual. Por outro, uma volta a políticas do passado que, não só não deram certo – vide a estagnação da economia dos anos 1980 – como distorcem a economia e aumentam a incerteza. Não é surpresa que o investimento não se recupere, que o apoio público através de financiamentos subsidiados tenha se tornado quase uma condição necessária para projetos de longo prazo e que as perspectivas de crescimento, mesmo nas previsões mais otimistas, sejam medíocres.

Educação, serviços e favelas

22/5/2013

Em 1950, 63% da força de trabalho brasileira trabalhavam na agricultura, 20% em serviços e 17% na indústria. Hoje, somente 15% dos trabalhadores estão na agricultura, os serviços empregam outros 65% e o restante está na indústria. A transformação estrutural da economia brasileira deu-se a uma velocidade relativamente alta e foi acompanhada de um também acelerado processo de urbanização.

Cidades são locais de maior interação entre agentes econômicos. Em vários estudos, importantes economistas como Robert Lucas e Edward Glaeser têm enfatizado o papel das cidades como lócus de educação, inovação e crescimento. Devido à frequente interação e contatos entre profissionais, nas cidades as ideias circulam mais intensamente, há mais trocas e, portanto, mais criatividade e inovação. Dada a elevada escala, aprende-se mais rápido e mais facilmente. Há fortes externalidades positivas, pois todos se beneficiam de um ambiente criativo e dinâmico. A isso se contrapõe o isolamento do campo, onde os contatos são menos frequentes; a educação, de custoso acesso; o ambiente para inovação, adverso; o crescimento, mais lento, e, consequentemente, a pobreza maior.

Em 1950, um trabalhador brasileiro do campo produzia entre um sexto e um sétimo do que produzia um trabalhador urbano do setor de serviços ou da indústria. Com a urbanização, o mesmo trabalhador, antes pouco produtivo no campo, tornou-se mais produtivo na cidade, ocorrendo aumento de renda. Para a economia brasileira, agregadamente, o efeito foi significativo. Fernando Veloso e Pedro Ferreira, em estudo publicado no livro *Desenvolvi-*

mento econômico, uma perspectiva brasileira, estimam que um terço do crescimento da economia brasileira entre 1950 e 1980 pode ser explicado por trabalhadores que trocaram seus empregos pouco produtivos na agricultura por empregos mais produtivos nas cidades.

A partir de 1980, diante de uma população já predominantemente urbana, não havia mais como gerar ganhos de produtividade pela simples migração do campo para as cidades. A etapa seguinte exigia uma melhoria da qualificação dos trabalhadores que já haviam migrado para as cidades. Mas isso não ocorreu. A produtividade média do setor de serviços caiu, entre 1980 e 2000, ao ritmo de 1,8% ao ano. A crescente oferta de mão de obra pouco qualificada explica esse processo. Incapacitada de se empregar na manufatura ou em empregos especializados do setor de serviços, uma massa de trabalhadores sem qualificação acabou se empregando como domésticas, biscateiros, vendedores de rua, guardadores de automóvel etc.

Ao mesmo tempo, a falta de planejamento urbano, a baixa renda dessas pessoas, e a inexistência de financiamento imobiliário – devido à elevada inflação – levaram à crescente favelização das grandes cidades. Hoje 22% da população do Rio de Janeiro vivem em favelas; em Belém, mais da metade da população. Ao contrário do que Lucas e Glaeser defendem, no Brasil, os ganhos da urbanização não foram tão grandes para aqueles malfadados trabalhadores. Para eles, os serviços públicos – escolas, saneamento, entre outros – são ruins, e a moradia, péssima. Nesse ambiente infértil, as interações criativas revelaram-se limitadas.

Não precisava ter sido assim. A Coreia do Sul passou por uma transformação estrutural e urbanização semelhante à brasileira. Em 1950, mais de 60% de sua força de trabalho estavam na agricultura, mas hoje a cifra é de menos de 10%. Ao mesmo tempo, a proporção de trabalhadores no setor de serviços subiu de 28% para 63%. Ao contrário do observado no Brasil, a produtividade desse setor nunca caiu, mas cresceu continuamente a quase 2% ao ano, taxa superior à dos Estados Unidos. A Coreia do Sul, mais pobre que o Brasil em 1950, é hoje duas vezes mais rica em termos *per capita*.

A diferença principal entre os dois países foi a educação. As políticas desenvolvimentistas brasileiras virtualmente a ignoraram, ao passo que as coreanas – e as de grande parte dos países asiáticos – mantiveram a educação no centro do planejamento governamental. Entre 1950 e 1980, enquanto a escolaridade média coreana aumentou cerca de quatro anos, no Brasil mal passou de um ano a mais. Enquanto o Brasil implementava suas temporariamente bem-sucedidas políticas de crescimento inspiradas no nacional-desenvolvimentismo – e parte do sucesso se deveu meramente à já citada transformação estrutural –, a Coreia do Sul implantava suas (também bem-sucedidas) políticas de desenvolvimento, com a diferença que estas vieram acompanhadas de investimentos pesados em educação e qualificação profissional. Assim, o crescimento do setor de serviços coreano beneficiou-se da incorporação de trabalhadores preparados para atuar nos subsetores mais dinâmicos e produtivos.

As lições do passado são claras. O Brasil bloqueou importações – e até tentou reinventar o computador –, estatizou serviços, perseguiu políticas intervencionistas que acabaram gerando as distorções que levaram o país à estagnação dos anos 1980 e 1990. Enquanto isso, menosprezava a educação, a infraestrutura urbana e os serviços públicos. O que mais preocupa é que as lições parecem não terem sido aprendidas até hoje. Em escala mais limitada, mas com igual entusiasmo, continua-se a repetir muitas das políticas equivocadas do passado, como se a insistência no erro pudesse gerar um acerto. O equívoco de diagnóstico atrasará ainda mais o país, não só em termos de crescimento, mas também na solução de seus problemas urbanos.

Política fiscal anticíclica

19/6/2013

Em entrevistas concedidas recentemente a este jornal [Valor], duas autoridades do primeiro escalão do governo federal defenderam a política fiscal anticíclica (PFA) em vigor desde a eclosão da crise do subprime em 2008. A PFA é uma estratégia destinada a amortecer o ciclo econômico: durante o período de baixa do ciclo, aumentam-se os gastos públicos para se combater o desemprego; nos momentos de alta, reduzem-se os mesmos gastos para conter a inflação. A limitada capacidade operacional do governo federal, entretanto, demonstrou que tal política não consegue alcançar os objetivos almejados.

Os ciclos econômicos são gerados, muitas vezes, por fenômenos imprevisíveis, como inovações tecnológicas, eventos climáticos e mudanças políticas. Exemplos disso foram o impulso desencadeado nos EUA pela internet na década de 1990, a recessão no Japão decorrente do tsunami de 2011 e o desaquecimento no Egito após a primavera árabe de 2010. Em momentos de baixa do ciclo, há espaço para aumento de produção, mas falta demanda para mobilizar a capacidade ociosa. Em momentos de alta, um aumento de demanda provoca pressão inflacionária. Em condições ideais, uma PFA seria capaz de manter a economia continuamente em pleno emprego e sem pressões inflacionárias.

Mas quais são essas condições? A primeira seria o governo dispor de uma extraordinária capacidade de processar informações que lhe permitisse identificar prontamente o início, bem como prever o fim, de cada etapa do ciclo econômico. A segunda condição seria uma flexibilidade institucional capaz de possibilitar o uso de instrumentos fiscais que pudessem ser revertidos após a superação da fase do ciclo que lhe deu origem. A terceira seria uma eficiência gerencial que tornasse viável a rápida resposta às necessidades de cada situação. Nenhuma dessas três condições se observa no caso brasileiro.

As informações sobre o ciclo só se tornam disponíveis com uma defasagem de tempo que, dependendo do setor analisado, pode ultrapassar um semestre. Quem for capaz de identificar o início de uma recessão, ou seu fim, auferirá ganhos elevadíssimos mediante uma adequada mudança de seu portfólio. Teriam os gestores da política econômica maior capacidade de antecipar alterações do ciclo do que aqueles que se dedicam a essa tarefa na busca de lucros? As limitações informacionais do governo ficam evidentes quando se constata que, mesmo diante de sinais inequívocos de que a economia está aquecida – como a baixa taxa de desemprego, a pressão inflacionária com ampla difusão e a degringolada do balanço comercial –, ele insiste em aumentar os gastos públicos.

Quanto aos instrumentos, uma PFA precisaria se dar sobre gastos que pudessem ser revertidos após o fim da fase de baixa do ciclo. No Brasil, os gastos correntes – salários e pensões, por exemplo – são legalmente incorporados aos gastos permanentes, deixando (por definição) de ser anticíclicos. Em outros países, o seguro desemprego constitui um instrumento clássico acionado automaticamente quando começa a recessão. Mas no Brasil, devido à grande informalidade da economia, o gasto com o seguro desemprego é quase pró-cíclico. Essa anomalia ocorre porque, em períodos de pleno emprego, o trabalhador de baixa remuneração que dele se beneficia sente-se à vontade para forçar sua demissão, passando a acumular, por alguns meses, a renda do trabalho informal com a do seguro, ainda embolsando seu saldo no FGTS.

Em princípio, o instrumento ideal das PFAs é o investimento em infraestrutura, tendo como exemplo clássico as represas construídas no vale do rio Tenessee, nos Estados Unidos, durante a recessão da década de 1930. Se iniciado logo no início da baixa do ciclo e terminado antes de seu final, o investimento público pode ser financiado à baixa taxa de juros que acompanha as recessões. Uma vez superada a recessão e concluído o investimento, a melhoria da infraestrutura dele resultante favorecerá o crescimento econômico. Este virá acompanhado de uma arrecadação tributária maior, com a qual o governo amortizará o endividamento gerado pelo investimento.

Mas no Brasil, conforme atestou a dificuldade do governo em tirar do papel as obras do PAC, o uso do investimento público como instrumento de PFA não passa das boas intenções. Entre a aprovação dos órgãos ambientais, a licitação das obras, suas execução e conclusão, passam-se tantos meses – quiçá anos – que o investimento público acaba deslanchando quando a recessão já foi superada, deixando de ser um gasto anticíclico para tornar-se pró-cíclico.

Tendo-se explicado por que a PFA é inviável no Brasil, segue-se que toda a ação anticíclica deveria ficar ao encargo do Banco Central, sob o regime de metas para a inflação. A mesma dificuldade que o Tesouro e os mercados têm para identificar o momento exato do início de uma recessão, também a tem o Banco Central. Mas este, ao guiar-se pelas informações sobre preços, disponíveis com frequência mensal e até semanal, consegue agir com maior presteza na calibração da taxa de juros do que o governo na regulagem de seus gastos. A atuação anticíclica do Banco Central não exige licenças ambientais, licitações, além de poder ser prontamente revertida aos primeiros sinais de superação de sua necessidade. Ao perseguir com independência operacional uma meta de inflação de longo prazo e contando com uma política fiscal estável, a atuação anticíclica do Banco Central se dá de forma mais barata, eficiente e transparente que a do governo.

Uma política econômica "padrão Fifa"

17/7/2013

Os recentes protestos no Brasil, em oposição aos observados na Europa e também nos EUA com o movimento Occupy Wall Street, não tiveram motivações macroeconômicas, como desemprego e desigualdade de renda. Evidência disso foi que a queda da popularidade da presidente veio acompanhada da de governadores e prefeitos. Embora a política econômica adotada a partir da crise do *subprime* em 2008 tenha elevado a inflação e reduzido o crescimento, é fato que o desemprego brasileiro encontra-se baixo – parcialmente por motivos demográficos, é bom lembrar –, a pobreza diminuiu nas últimas duas décadas e o consumo ampliou-se. Como a política econômica não teve como foco a qualidade de vida dos eleitores, mas sim a visão ideológica de alguns tecnocratas, a insatisfação eclodiu nas ruas.

O estopim das manifestações foi a correção das tarifas de ônibus. Mas logo se ampliaram os pleitos por melhores serviços de transporte, educação e saúde, bem como reclamações contra a brutalidade policial. Havia também questões comportamentais, como a cura *gay* em absurda discussão no Congresso. Os protestos contra a corrupção foram também muito fortes. As faraônicas reformas dos estádios esportivos exigidos pela Copa do Mundo, em contraste com a depauperada infraestrutura de suporte aos serviços públicos essenciais, cunharam a irônica expressão "padrão Fifa" para adjetivar o que se almeja para os hospitais e escolas públicas.

Aqui entra a ligação indireta entre os protestos e a economia. Ao longo dos últimos 18 anos, a arrecadação tributária brasileira cresceu 10 pontos percentuais, alcançando 36% do PIB, de longe a maior da América Latina. Grande parte desse aumento decorreu dos gastos sociais criados pela Constituição de 1988. No entanto, especialmente nas grandes áreas metropolitanas, os serviços públicos permanecem muito insatisfatórios, pois com eles os gastos foram modestos quando comparados às necessidades.

Acrescente-se a isso o fato de, nos últimos cinco anos, o governo ter insistido numa malsucedida "mudança do modelo econômico", priorizando áreas muito distantes das aspirações e necessidades quotidianas da população. A ressurreição do nacional-desenvolvimentismo gerou enormes transferências e subsídios para os chamados "campeões nacionais", bem como para alguns setores considerados estratégicos pelos tecnocratas, mas não pelos eleitores. Houve todos os tipos de incentivos para a indústria, mas muito pouco para os serviços, sobretudo os públicos. A Copa do Mundo no Brasil custará mais do que as três copas anteriores juntas, legando muito pouco em infraestrutura de transporte urbano.

Embora a regulação de serviços públicos tenha mudado muitas vezes, assim como as regras das licitações e concessões, as estradas continuam ruins; os portos, caros e lentos; os aeroportos, superlotados, e o transporte público urbano, caótico. Há uma percepção de que a administração dos hospitais públicos é medíocre, na melhor das hipóteses, de que são insuficientemente equipados e mal administrados, bem como acusados de mau uso de seus fundos. Pouco se fez para melhorar os serviços públicos, em parte porque isso nunca foi prioridade em todos os níveis de governo, em parte devido à má gestão, e, como inúmeras denúncias – e investigações dos tribunais de contas – parecem indicar, em parte devido à corrupção. Não é muito difícil entender a insatisfação.

Uma corrente de analistas sustenta, com alguma razão, que a atual estrutura de gastos públicos decorre da Constituição de 1988, refletindo uma escolha legítima dos eleitores, um contrato entre cidadãos que buscam transferências e governos que delas se beneficiam eleitoralmente. Assim, muito pouco poderia ser feito sem que se mude a Constituição e se implementem medidas impopulares como uma reforma da previdência, por exemplo.

Esse argumento, entretanto, além de induzir ao imobilismo e conformismo políticos, desconsidera que o acordo de 1988 não contemplava gastos concebidos 20 anos depois por uma visão ideológica equivocada, como os R$ 15 bilhões anuais de subsídios implícitos do BNDES, os R$ 30 bilhões em excesso ao custo original da refinaria Abreu e Lima, os R$ 40 bilhões do trem-bala, os 22 mil cargos comissionados em nível federal (e 500 mil em nível municipal!) para citar apenas alguns. Há muito espaço, não só para uma melhor gestão, mas também para mudanças de prioridade em inúmeras dimensões, sem que seja preciso alterar o pacto de 1988.

Em vez de se ater, de forma convincente, aos problemas concretos levantados pelas ruas, a presidente respondeu com uma malfadada proposta de reforma política. Sua nova taxa de aprovação, de apenas 30%, voltou ao nível histórico registrado por seu partido, um sinal de que a população a culpa, e à sua coligação, pelos problemas diários. A julgar pela resposta do governo aos protestos, pode-se prever que as prioridades equivocadas, a má gestão e a política econômica geradora de baixo crescimento e inflação no topo da meta manterão a insatisfação elevada por um bom tempo. O Brasil precisa de novas políticas, de uma política econômica "padrão Fifa".

Consistência e expectativas

21/8/2013

No momento em que o governo deposita toda a sua esperança de retomada dos investimentos nas próximas licitações de infraestrutura e no leilão do campo de Libra, tem-se uma boa oportunidade para entender por que o investimento privado caiu tanto nos últimos anos.

O investimento privado é uma decisão racional movida pela perspectiva de lucro. A decisão do empresário baseia-se numa comparação entre as receitas futuras decorrentes do investimento e seus custos de implantação no presente e de operação no futuro. Como nenhuma dessas variáveis pode ser perfeitamente prevista, o empresário formula suas expectativas com base naquilo que observa no setor em que atua e também no que pode antever quanto às variáveis macroeconômicas.

Uma política econômica voltada para a promoção do investimento privado deve focar as variáveis acima citadas e ser percebida como sustentável ao longo do período de colheita dos frutos do investimento. Medidas de caráter microeconômico que aumentem transitoriamente a rentabilidade do investimento privado, mas envolvam um alto custo fiscal – como subsídios elevados ou isenções tributárias generosas – constituem-se em candidatas naturais a uma futura revisão de regras. Da mesma forma, políticas demasiadamente protecionistas, que beneficiam um setor em detrimento de outro, acabarão questionadas tão logo o governo que as implantou perca o poder. Nesses exemplos, quando a viabilidade do investimento privado depende da ajuda governamental, a inconsistência da política, por gerar desconfiança quanto à sua manutenção no futuro, reduz sua eficácia no presente.

Também na macroeconomia, as políticas inconsistentes desestimulam o investimento privado. Tome-se o caso de um país que normalmente atraia muito investimento externo, mas passe a adotar uma política fiscal de aumentos dos gastos correntes – salários de servidores e aposentadorias, por exemplo – percebidos pelos investidores como irredutíveis. A resultante elevação gradual da dívida pública sinalizará aos investidores que a carga tributária terá de crescer no futuro, o que desestimulará o investimento no presente. Novamente, a inconsistência da política adotada permite prever seu abandono no futuro.

Em suma, o investimento privado não é invariável ao tipo de estratégia governamental adotada. Ao contrário, a atuação do governo é crucial, mas deve basear-se em medidas sustentáveis ao longo do tempo. Aqui está o cerne da questão: medidas econômicas sustentáveis refletem opções políticas, pois envolvem uma distribuição de custos e benefícios entre os contribuintes. Como essas opções têm reflexos eleitorais imensos, elas não podem ser adotadas por um partido que promete ao eleitor mais fatias do que o bolo contém.

Ao longo dos dois mandatos de FHC, prevaleceu o diagnóstico de que o país tinha poupança doméstica estruturalmente baixa, devido à decisão dos constituintes de 1988 em prol de elevados gastos públicos. A fim de implantar uma política econômica consistente, adotou-se a corajosa opção política pela franca atração de capitais privados estrangeiros. A opção se refletiu na privatização de vários setores considerados tabus, na criação das agências reguladoras e na adoção do tripé macroeconômico – superávit primário, câmbio flexível e metas para a inflação – de modo a criar um ambiente micro e macroeconômico favorável ao investimento privado, estrangeiro ou doméstico.

O governo Lula, com a exceção do período em que o ministro Palocci chefiou a Fazenda, reverteu gradualmente a opção pela consistência. Para isso, prevaleceu a ilusão de que os preços das commodities exportadas pelo país manter-se-iam elevados, bem como de que as taxas de juros internacionais – que despencaram após a crise do subprime em 2008 – permaneceriam eternamente baixas. Inebriado por aquela abundância, o país resolveu menosprezar o capital estrangeiro, como se dele não precisasse mais.

O governo Dilma ampliou em muito a inconsistência. Licitações em diversas áreas foram suspensas ou tiveram as condições de atratividade reduzidas para o investidor, enquanto as agências reguladoras eram aparelhadas. O Banco Central, restrito em sua autonomia, perdeu a coordenação das expectativas inflacionárias. Após a "maior capitalização do mundo" em que a Petrobras levantou R$ 120 bilhões, a estatal foi descapitalizada por uma fixação populista de preços destinada a conter a inflação. O mesmo ocorreu com as estatais de energia.

Tamanha inconsistência levou à deterioração das expectativas dos agentes, que passaram a exigir maior contrapartida do governo em seus agora mais arriscados investimentos. Como de hábito, tentou-se corrigir uma distorção introduzindo-se outra distorção, mediante a transferência de 8% do PIB ao BNDES em aportes do Tesouro para subsidiar investimentos privados. As isenções tributárias, distribuídas em função da capacidade de pressão dos setores agraciados, reduziram o superávit primário, cuja apuração foi desacreditada pela contabilidade criativa. Todos entendem que em algum momento a conta será cobrada. Por melhor que seja o resultado do leilão de Libra – e pelo andar da carruagem o governo terá de entrar com bem mais que os 30% da Petrobras –, é pouco provável que ele consiga reverter as más expectativas causadas pelos erros das políticas implementadas desde 2008.

Dificultando os negócios

17/9/2013

Enquanto o governo atual gasta bilhões de reais concedendo subsídios creditícios e isenções tributárias a setores escolhidos por seus tecnocratas sem qualquer critério claramente definido, as empresas não agraciadas pelas benesses governamentais enfrentam um périplo diário em sua luta pela sobrevivência. Uma corajosa mudança no ambiente de negócios do país, além de custar pouco, estimularia a expansão das boas firmas existentes e o nascimento de novas, numa sadia trajetória de crescimento sustentável de longo prazo.

Há 10 anos, o Banco Mundial publica o Doing Business, um estudo comparativo sobre o ambiente de negócios e regulamentação de diversos países. Embora haja questões metodológicas, bem como dificuldades na construção de índices, estes servem como um bom indicador – absoluto e comparativo – sobre as condições e dificuldades para implantar e gerir uma empresa em cada país. O documento de 2013 traz 10 índices com foco em duas categorias: uma ligada à complexidade e custo de processos regulatórios – por exemplo, tempo para abrir uma firma, registrar propriedade, tirar licenças de construção, pagar impostos e comércio etc. – e outra, à solidez das instituições jurídicas – proteção a investidores, resolução de insolvência, execução de contratos, estrutura regulatória e jurídica, entre outras.

Em qualquer dimensão analisada, o Brasil aparece muito mal na foto. Na classificação envolvendo 185 países, o Brasil está em 130º lugar. Nos 32 países da América Latina e Caribe, é o 28º colocado. No item "pagamento de impostos", o país encontra-se em

156º lugar: gastam-se aqui 2.600 horas por ano nos procedimentos tributários, enquanto no resto da América Latina apenas 376 horas, e nos países da OCDE somente 176 horas. Enquanto para abrir uma empresa na Nova Zelândia só há um procedimento *online*, no Brasil são 13 procedimentos que exigem 120 dias. No item "obtenção de licença de construção", o Brasil aparece em 131º lugar. Na cidade de São Paulo – usada como modelo para o país –, o tempo médio para obtenção dessa licença é de 450 dias, contra 70 na Dinamarca e no México.

Nos últimos anos, estudos no campo de crescimento e desenvolvimento passaram a olhar com mais cuidado dados desagregados, ao nível da firma e de setores. Teorias tradicionais de crescimento em geral assumem uma tecnologia de produção comum a todas as firmas e que, embutida em um ambiente macroeconômico, irá determinar a taxa de crescimento de um país e sua renda de longo prazo. Nesse mundo, todas as firmas são igualmente produtivas. Alternativamente, pode-se pensar em um mundo com firmas mais eficientes e outras firmas menos eficientes, e a produtividade do país será dada pela média da produtividade dessas firmas. Assim, um país pode ser atrasado não porque a tecnologia de todas as firmas seja ruim, mas porque, em média, tem muitas firmas ruins e poucas firmas eficientes.

Uma razão para essa má composição seria regulação e incentivos ruins, que impediriam o crescimento de firmas eficientes ou, de uma forma ou outra, premiariam firmas pouco produtivas. Altos custos para abrir firmas e procedimentos custosos para o pagamento de impostos fazem com que a sobrevivência de firmas pequenas seja mais difícil, o que incentivaria a informalidade. Firmas no mercado informal são, em geral, menos produtivas – por exemplo: como não têm acesso a crédito, investem pouco em tecnologia –, mas o fato de sonegarem pelo menos parte dos impostos aumenta sua capacidade de competir. Dessa forma, o país fica com um número desproporcional de pequenas firmas pouco produtivas.

Os ganhos potenciais da ampliação da escala das empresas são elevados. Os economistas ChangTai Hsieh e Peter J. Klenow, em artigo de 2009 publicado no *Quarterly Journal of Economics*, estimaram que o produto da Índia e da China mais que dobraria caso a má alocação de recursos gerada por regulação inadequada fosse eliminada. Em um artigo que utiliza dados do setor varejista brasileiro, a ser publicado na *Review of Income and Wealth*, De Vries estima que uma realocação de capital e recursos humanos das firmas menos eficientes para as mais eficientes aumentaria em mais de três vezes a produtividade do setor.

Embora tal problema aflija os empresários do país há muitos anos, pouco se tem avançado nesse terreno. Ao contrário, ao longo dos últimos anos, observa-se uma nítida deterioração do ambiente regulatório: regras são modificadas sem uma ampla discussão junto à sociedade e aos investidores, subsídios distribuídos sem um critério claro, barreiras comerciais são adotadas aleatoriamente em função da capacidade de pressão política das firmas envolvidas. Algumas medidas positivas – e.g., Simples – beneficiam microempresas, mas mantêm as distorções para todas as demais. Nesse ambiente que premia os não necessariamente eficientes, mas os mais bem conectados, são as empresas pouco produtivas que prosperam.

A dificuldade de fazer negócios no Brasil não apenas afeta as firmas que já estão em funcionamento, mas cria uma barreira à criação e expansão de empresas mais eficientes e competitivas, perpetuando uma estrutura produtiva concentrada em firmas ruins. A consequência desse ambiente se revela na diminuição do potencial de crescimento do país no longo prazo, como atesta a medíocre taxa média de crescimento de 2% que, pelo que se pode prever a partir dos dados atualmente disponíveis, marcará o governo atual.

Na rota da Argentina

16/10/2013

Em julho do próximo ano, o Plano Real completará 20 anos. Nesse período, os brasileiros descobriram como é viver num país normal. Várias etapas difíceis foram superadas, com idas e vindas, mas a direção geral parecia ser sempre a do progresso. Não mais. As medidas adotadas pelo governo Dilma colocaram o Brasil na rota da Argentina.

O processo de redução da inflação, retomada do crescimento e melhoria da distribuição da renda ocorreu em etapas. Entre o julho de 1994 e a desvalorização cambial de janeiro de 1999, a prioridade de curto prazo foi o rompimento dos mecanismos de propagação da inflação, o saneamento do sistema financeiro, a renegociação das dívidas estaduais; e a de longo prazo, as reformas estruturais destinadas a elevar a eficiência da economia, como as privatizações, a criação das agências reguladoras e a primeira reforma da Previdência. Mas a dificuldade política de controlar as despesas primárias tornou o país dependente de juros elevadíssimos – Selic média de 20% ao ano acima do IPCA – para controlar a taxa de câmbio da qual dependia a estabilidade dos preços.

Após a desvalorização de 1999, FHC implantou duas de suas mais importantes reformas: o tripé macroeconômico – superávit primário elevado, câmbio flexível e regime de metas para a inflação – e a Lei de Responsabilidade Fiscal. Com elas, a taxa real de juros caiu de 20% para 10%. A queda do salário real decorrente da desvalorização cambial, o aperto fiscal e o apagão de 2001 permitiram a Lula vencer as eleições de 2002. Para surpresa dos mercados, Lula e seu ministro Palocci deram continuidade à linha mestra de FHC, mantendo o tripé macroeconômico, bem como promovendo algumas reformas estruturais. Lula sabia que seu grande projeto de distribuição de renda seria inviabilizado caso a inflação voltasse.

Depois da queda de Palocci, com o mensalão fragilizando o governo, houve uma primeira mudança de rumo, com a suspensão de privatizações, mas prevaleceu a prudência fiscal. Durante os anos 2004-2008, a disparada dos preços das *commodities* exportadas pelo Brasil provocou a valorização do real, o que permitiu o controle da inflação com juros em queda. Em abril de 2008, o Brasil alcançou o grau de investimento concedido pelas agências internacionais de classificação de risco. Era o coroamento de 14 anos de esforços para tornar o Brasil um país normal. No período, o país conciliou rápido crescimento do PIB, inflação baixa, equilíbrio fiscal e superávit em transações correntes, algo só observado durante o milagre econômico de 1968-1973. Com a diferença de que essas proezas vieram acompanhadas de melhoria da distribuição de renda.

Mas a partir da crise do *subprime* de 2008, o diagnóstico de que a crise prenunciava a longamente esperada derrocada do capitalismo abriu espaço para a ideologia intervencionista. A política fiscal tornou-se fortemente expansionista, e promoveu-se a mudança do marco regulatório do petróleo. Mediante gigantescos empréstimos do Tesouro, o BNDES passou a criar grandes empresas campeãs nacionais. Com a economia crescendo 8% no ano eleitoral de 2010, Lula elegeu sua ungida candidata.

Dilma ampliou o intervencionismo, limitando a liberdade do Banco Central, promovendo a expansão dos bancos públicos e mudando o regime de concessões. Com gastos sempre crescentes, o conceito de superávit primário foi descaracterizado, inicialmente com algum pudor, por meio do abatimento parcial dos investimentos no cômputo da despesa; depois com total desfaçatez, através da contabilidade criativa.

Mas a maior ameaça está na sabotagem da Lei de Responsabilidade Fiscal perpetrada pelo próprio Ministério da Fazenda (MF), que deveria zelar por seu cumprimento. Primeiro foi a contabilidade criativa. Depois o ardil que permitiu aos estados gerarem caixa de curto prazo via captação de empréstimo no exterior para quitar dívida junto ao governo federal, conseguindo um período de carência, o que significa que o estado deixa de abater dívida no período. Recentemente o MF passou dos limites, favorecendo o projeto de lei que recalcula retroativamente as dívidas estaduais e municipais junto à União, em flagrante descumprimento da LRF. Se aprovado pelo Congresso, esse PL abalará definitivamente a credibilidade cuidadosamente construída desde 1994.

A dívida bruta está em 64% do PIB segundo o FMI, ou 60% quando excluídos os títulos federais da carteira do Banco Central. A dívida líquida está em 34%, mas esse número não significa mais nada. Se a reação à crise do *subprime* tivesse sido outra, com preservação dos superávits primários, o desaquecimento da economia teria sido contrastado por uma política monetária muito mais agressiva, de acordo com o regime de metas. A taxa de juros, que atingiu o mínimo de 7,5% ao ano, teria caído muito mais, baixando o custo da rolagem da dívida doméstica, além de ter mantido o câmbio desvalorizado, o que teria evitado a enorme acumulação de (caríssimas) reservas internacionais.

Levando-se em conta os empréstimos do Tesouro aos bancos públicos, as desonerações tributárias, a taxa de juros acima do que teria vigorado caso a política fiscal anterior tivesse sido mantida e a enorme acumulação de reservas, é provável que a dívida bruta estivesse em 15% do PIB, abaixo de seu valor atual. Nessas condições, o país estaria hoje recebendo uma nova promoção das agências de classificação, em vez de estar marcado para o rebaixamento.

O governo Dilma parece não ter compreendido que a queda dos juros reais brasileiros decorreu de uma longa construção institucional interna, ajudada por juros externos historicamente baixos. O rebaixamento da classificação de risco, com subsequente elevação dos juros, é agora questão de tempo.

Os desenvolvimentistas no poder

20/11/2013

Em nenhum momento do passado recente houve tanta unanimidade ideológica entre os formuladores da política econômica como no atual governo. A própria presidente, os ministros da Fazenda e do Desenvolvimento, o presidente do BNDES, o secretário do Tesouro, o ministro da Educação e seus principais assessores são todos desenvolvimentistas assumidos, com passagem pelas principais escolas dessa corrente. Somente no Banco Central se encontram economistas mais ortodoxos, mas estes têm tido pouca influência sobre o resto do governo.

Os desenvolvimentistas vêm diligentemente implantando as políticas econômicas que sua corrente sempre defendeu. Mas, para surpresa dos próprios desenvolvimentistas, embora não para economistas com outra formação, a experiência não deu certo. As políticas em vigor baseiam-se em quatro pilares. O primeiro é uma política cambial destinada a manter o câmbio desvalorizado, de forma a aumentar a competitividade das empresas nacionais, na esperança de que isso as estimule a adotar tecnologias de ponta. O segundo consiste numa política monetária que mantém os juros reais baixos, de forma a estimular o investimento. O terceiro pilar é a atuação direta do governo, via aumento dos gastos, para estimular a demanda, ou indireta, por meio das empresas estatais, ou ainda pela coordenação de investimentos privados por meio de bancos públicos. Finalmente, a política industrial trataria de estimular setores "estratégicos", incentivar a adoção de novas tecnologias e proteger da concorrência externa – talvez temporariamente – aquelas empresas e setores com potencial de crescimento.

Esses pilares dão continuidade às medidas adotadas (mais timidamente) durante os dois governos Lula. Desde a posse da atual presidente, a desvalorização nominal do câmbio foi de 40%, e a real, de 20%. A taxa de juros Selic foi agressivamente reduzida, a partir de setembro de 2011, até atingir sua mínima histórica de 7,25%. Embora hoje esteja em patamar mais elevado, seu nível encontra-se bastante baixo em termos históricos.

Em relação à atuação do governo, não só os gastos públicos têm aumentado continuamente, como o ativismo e a maior intervenção na esfera produtiva tornaram-se marcos da atual administração. A despesa do governo federal aumentou R$ 79 bilhões – uma expansão de 13% – somente em 2013. O superávit primário deve cair à metade durante o atual governo, enquanto o déficit nominal atinge 3% do PIB. Os subsídios, benefícios financeiros e creditícios atingirão R$ 72 bilhões no ano, e o crédito dos bancos públicos, que se expandiu fortemente após a crise de 2008, continuará em patamar elevado. É verdade que os investimentos públicos estão estagnados, mas para quem até hoje considera que cavar e tapar buracos é uma eficiente política de demanda, isso não deveria ser um problema.

Finalmente, desde 2004, três ambiciosos programas de política industrial foram implantados: em 2004, a Política Industrial, Tecnológica e de Comércio Exterior; em 2008, o Programa de Desenvolvimento da Produção; e no atual governo, o Plano Brasil Maior. Esses programas buscavam, por meio de diferentes instrumentos, estimular a inovação, a modernização industrial, a inserção externa e exportações, bem como o aumento da taxa de investimento. Ainda no campo de políticas setoriais, acrescentem-se o progressivo fechamento da economia, as ambiciosas metas para componentes nacionais, bem como a agressiva atuação do BNDES no subsídio ao investimento e consolidação de grandes grupos nacionais.

Não faltou nada do receituário heterodoxo. O resultado, entretanto, mostrou-se um fiasco. O crescimento médio do PIB, ao longo dos quatro anos do atual governo, caminha para míseros 2% ao ano, e a taxa de investimento permanece estagnada em 18,5% do PIB. Além de baixo, o pouco crescimento alcançado foi puxado pela agricultura e serviços, justamente os setores considerados menos nobres pelos desenvolvimentistas.

O desempenho não é melhor na área externa. Um dos objetivos das políticas industriais oficiais era a expansão das exportações, mas estas vêm caindo desde 2011, passando de US$ 256 bilhões para prováveis US$ 240 bilhões em 2013. E isso em um período de recorde de produção e exportação de *commodities* agrícolas. O déficit em conta-corrente deve ficar em 3,6% do PIB, mais um recorde. Com a inflação dos preços livres acima de 7%, a inflação oficial só não superou o teto da meta devido ao controle dos preços administrados. Controle este que vem prejudicando fortemente a Petrobras, mais um contrassenso em um governo desenvolvimentista.

Finalmente, apesar das políticas industriais, das inúmeras medidas de microgerenciamento, dos créditos subsidiados e da proteção comercial, o crescimento da indústria mostrou-se desapontador, assim como a inovação e a adoção de novas tecnologias. Como bem registrou neste espaço há duas semanas David Kupfer, um insuspeito defensor de políticas setoriais, "há uma desagradável sensação de que o hiato da indústria brasileira frente à fronteira tecnológica internacional está novamente aumentando". A indústria não cresce e não inova.

Em suma, do ponto de vista dos seus próprios objetivos e metas, bem como de suas métricas de avaliação, o atual experimento desenvolvimentista se configura um retumbante fracasso: baixo crescimento, alta inflação, estagnação da indústria, atraso tecnológico e exportações em queda.

A volta dos juros

18/12/2013

"Os fundamentos de um país a gente vê na hora que os investidores compram seus títulos..."

A epígrafe acima foi extraída de uma entrevista concedida por um membro do primeiro escalão do Ministério da Fazenda, no início de 2013. Há exatamente um ano, quando escrevíamos o artigo mensal de dezembro de 2012, que seria publicado neste espaço, a taxa de juros incidente sobre os títulos federais de longo prazo estava em seu menor valor histórico: IPCA + 3,8% ao ano – tomando-se como referência a NTNB com vencimento em 2030. Passado apenas um ano, a taxa do mesmo título encontra-se hoje em IPCA + 6,4%. A explicação para o imenso salto de 2,6% (= 6,4% – 3,8%), um aumento de 68% em relação ao juro real do ano anterior, encontra-se na mesma epígrafe.

Desde o Plano Real, a queda dos juros reais no Brasil ocorreu aos poucos, à medida que o país foi construindo uma reputação de responsabilidade fiscal. Ao longo do primeiro governo FHC, a taxa real de curto prazo (Selic) foi de 21,6% ao ano – tomando-se o IPCA como medida da inflação. Durante o segundo mandato de FHC, devido à mudança do regime cambial em 1999 seguida pela adoção da Lei de Responsabilidade Fiscal, a taxa real caiu para 10,2%. Ao longo do primeiro mandato de Lula, a taxa subiu ligeiramente para 11,2%, mas caiu para 5,6% ao longo do segundo mandato. Para que isso ocorresse, foi determinante a penosa construção da credibilidade que levou o país a conquistar o grau de investimento em abril de 2008, bem como a liquidez internacional ampliada após a crise do *subprime* em 2008. A explicação para tamanha queda da taxa de juros, mais uma vez, encontra-se na mesma epígrafe.

O governo Dilma elegeu como nobre prioridade dotar o país de juros civilizados. Mas optou pelo caminho fácil dos resultados de curto prazo, em vez de atuar nos fundamentos. Atuou tanto sobre a taxa básica, induzindo o Banco Central a abandonar os 4,5% ao ano que caracterizam o centro da meta de inflação, quanto sobre o *spread* bancário, mediante pressão sobre os bancos federais para que fossem mais tolerantes na análise de crédito. Ao final de seu segundo ano de mandato, tanto o *spread* bancário, quanto a taxa real de longo prazo e a taxa Selic (então em apenas 7,25% ao ano) encontravam-se no patamar mais baixo das respectivas séries históricas.

Embora os fundamentos fiscais da economia nacional já viessem se deteriorando gradualmente desde 2009, devido aos aumentos de gastos correntes e isenções tributárias distribuídas a esmo para setores com bons contatos palacianos, persistia alguma credibilidade longamente construída desde que Lula assinou, no ano eleitoral de 2001, a Carta aos Brasileiros. Para um partido que, antes de chegar ao poder, preconizara o repúdio da dívida pública, as políticas responsáveis adotadas a partir de 2003 constituíam uma demonstração de maturidade política inédita. Além disso, acreditava-se que as políticas expansionistas implantadas após a crise de 2008 acabassem revistas, diante do pleno emprego e da elevação da inflação.

A lua de mel entre o mercado e o governo brasileiro começou a mudar a partir de 2013. No último dia útil de 2012, a fim de cumprir a meta de superávit primário ignorada solenemente pelos sempre crescentes gastos, o governo lançou mão de uma série de artifícios contábeis, posteriormente alcunhados de "contabilidade criativa". Destruiu-se em poucos dias uma credibilidade arduamente construída ao longo de 10 anos. Não satisfeito, o Ministério da Fazenda chegou a defender uma reinterpretação da sacrossanta Lei de Responsabilidade Fiscal que autorizava a revisão retroativa da correção monetária de dívidas estaduais e municipais junto ao governo federal, no intuito oportunista de permitir ao recém-eleito prefeito de São Paulo a realização de um governo pleno de recursos.

Enquanto a situação interna se deteriorava, no exterior a lenta recuperação da economia americana sinalizava o início de uma iminente elevação das taxas de juros naquele país, acompanhada de inevitável atração de capitais que forçaria a desvalorização do real. Em abril, a pressão inflacionária, apesar de contida artificialmente pelo controle de preços dos combustíveis e subsídio à redução das tarifas de energia elétrica, obrigou o Banco Central a voltar a elevar a taxa de juros.

Em maio, a "contabilidade criativa" cobrou seu primeiro custo explícito: a perspectiva de redução da avaliação de risco da dívida brasileira pelas agências internacionais. A partir de agosto, para conter a alta do dólar, o BC passou a vender dólares no mercado futuro por meio de *swaps*. Desde então, a cada nova reunião do Comitê de Política Monetária, a taxa Selic vem subindo metodicamente. Também a posição vendida em *swaps* cresce persistentemente.

Qual é a explicação para tão rápida deterioração das expectativas dos mercados em relação ao país? Basta reler a epígrafe deste artigo, talvez a única frase sensata dita pelo tal membro da equipe econômica desde que assumiu seu cargo.

2014

O FIASCO É CLARO, MAS NÃO PARA O ELEITOR

Diferentes visões do crescimento

22/1/2014

Em artigo publicado neste espaço no dia 20/11/2013, argumentamos que as políticas desenvolvimentistas que o país vem adotando há alguns anos – desvalorização cambial, redução da taxa de juros, expansão fiscal, escolha de vencedores – configuraram-se um retumbante fracasso: não só o país não vem crescendo, como não se inova e pouco se exporta.

Em artigo publicado no Valor no dia 2/1, Luiz Carlos Bresser-Pereira busca refutar nossos argumentos em dois pontos. Primeiro, houvesse o Brasil adotado as políticas defendidas pela "ortodoxia liberal", o Brasil teria crescido muito menos. Essas políticas, de acordo com ele – câmbio apreciado, juros altos, política fiscal restritiva –, seriam exatamente o inverso dos "pilares desenvolvimentistas" que nós atacáramos em nosso artigo. Segundo, o problema não foi desenvolvimentismo demais, mas de menos: a taxa de câmbio que faria o país crescer seria muito mais alta que a atual, mais precisamente R$ 3,26. Essa é a "taxa de câmbio de equilíbrio industrial", que, segundo sua definição é "a taxa que torna competitivas as empresas nacionais de bens comercializáveis que usam tecnologia moderna".

Em relação ao primeiro ponto há aqui uma simplificação do que seria uma política oposta ou diferente das políticas heterodoxas. Em primeiro lugar, economistas "liberais ortodoxos", neoclássicos ou qualquer outra denominação que nos enquadre não defendem políticas de câmbio apreciado e juros altos. Não está nos manuais nem em nossos artigos. Isso porque juros e câmbios são preços e, portanto, determinados pelas forças de mercados e fora do controle direto dos *policy makers* nos médio e longo prazos. Dependem da poupança, contas públicas, demanda, reservas internacionais, taxa de juros externas, entre outras variáveis. Isto é, são endógenas e não exógenas. Obviamente aumentar a poupança exige políticas bastante sofisticadas e de difícil implementação, mas a aparente simplicidade de desvalorizar o câmbio é enganosa, pois não é sustentável se não for acompanhada de medidas estruturais. Também não há quem defenda, no campo de cá, políticas fiscais restritivas para acelerar o crescimento, embora a desorganização das contas públicas possa impactá-lo negativamente e, como estamos observando no momento, provocar aumentos da taxa de juros.

Há hoje forte evidência de que produtividade e eficiência econômica (no jargão dos economistas: produtividade total dos fatores) são essenciais para o crescimento e que países ricos são, via de regra, mais eficientes e produtivos. Há também forte correlação entre quantidade e qualidade de educação e renda *per capita*. Assim, uma política eficaz de crescimento deve buscar afetar essas variáveis e não manipular preços, juros e câmbio.

Nessa dimensão, o que se propõe é uma estrutura tributária menos pesada e distorsiva, oferta adequada de infraestrutura, menos proteção comercial e mais competição, melhor regulação, educação de qualidade, mais políticas horizontais, que beneficiam (potencialmente) a todos, e menos políticas setoriais, que beneficiam grupos escolhidos. O que se busca é um conjunto de instituições e políticas que gerem os incentivos corretos para o investimento e a inovação.

O segundo ponto é o câmbio necessário para o crescimento. O valor de R$ 3,26 por dólar foi tirado de cálculos de artigo de Oreiro, Basílio e Souza. Como os próprios autores reconhecem, é um cálculo bem simples, na verdade uma regra de três. Assume-se que a relação câmbio real efetivo sobre salário de meados de 2005 era a relação "adequada para restabelecer a competitividade da indústria", e usando o valor dessa mesma variável em junho de 2013 e a taxa efetiva de câmbio nesse último mês, chega-se a uma sobrevalorização de 48,12%, que multiplicados pelo câmbio da época, R$ 2,20 por dólar, resultam na taxa de R$ 3,26 por dólar. Isso, obviamente, é uma aproximação sem valor científico e, convenhamos, pouco rigorosa. Essa taxa seria, por exemplo, bem menor se a data inicial fosse meados de 2006 ou muito maior se fosse 2003. Além disso, em artigo de 19/2/2013, neste mesmo jornal, Bresser-Pereira defende ser o câmbio de equilíbrio industrial R$ 2,80 por dólar enquanto –, em entrevista no dia 17/9/2012, essa taxa seria de somente R$ 2,70.

Dessa forma, é difícil concluir se tivemos desenvolvimentismo de menos – como implicitamente afirma Bresser-Pereira – ou de mais, porque a variável-chave aqui vem crescendo com o passar do tempo, e seu cálculo nos parece arbitrário e pouco robusto. É como um alvo móvel, e estaremos sempre muito abaixo do câmbio necessário para o crescimento sustentável. Nunca é demais lembrar, como já fizemos inúmeras vezes neste espaço, que a evidência estatística de que câmbio afeta o crescimento é rala, se não inexistente, e os poucos resultados nessa dimensão, como no artigo citado de Oreiro e coautores, possuem sérios problemas metodológicos (no jargão dos economistas: há um claro problema de simultaneidade/endogeneidade nas regressões e possivelmente de omissão de variáveis) que tornam as estimativas pouco confiáveis.

No que concordamos com o Bresser-Pereira é que não há ambiente político para a megadesvalorização proposta por ele, dado que os custos dessa política são altos, principalmente aumento da inflação, redução dos salários reais e piora da distribuição de renda. Discordamos, entretanto, quando não vemos esses efeitos como temporários. Ao contrário, desvalorizações cambiais implicam piora das condições de vida das classes trabalhadoras, e qualquer economista com preocupações sociais deveria ser muito cuidadoso ao propô-las.

Ignorando acertos e repetindo erros

19/2/2014

Neste ano de 2014, em que o país encontra-se estagnado, com inflação beirando o teto da meta, juros em ascensão, déficit do balanço em conta-corrente em nível preocupante e sujeito a ter o *rating* de sua dívida rebaixado, os dois mais bem-sucedidos planos econômicos implantados em sua história completam décadas redondas: 50 anos do lançamento do Programa de Ação Econômica do Governo (Paeg), implantado durante o governo Castello Branco, e 20 anos do Plano Real, concebido no governo Itamar Franco sob liderança de seu então ministro da Fazenda, Fernando Henrique Cardoso. Refletir sobre os acertos e erros do passado deveria ser o primeiro passo para preparar o futuro.

Após os anos dourados de JK, o país deixou de crescer, padeceu de crônica crise cambial, e a inflação subiu continuamente, alcançando três dígitos em base anual, apesar de controles de tarifas, de aluguéis e da taxa de câmbio. A crescente desorganização macroeconômica acirrou conflitos sociais que desaguaram na supressão da democracia e no golpe de 1964. Para corrigir o rumo, o Paeg atuou em duas frentes: combate à inflação e reformas econômicas que viabilizaram o acelerado crescimento dos anos 1968-1973, período alcunhado de "milagre brasileiro".

Entre as muitas inovações do Paeg, destacam-se: a criação do Banco Central independente, a criação do mercado de títulos da dívida pública, a introdução do imposto sobre o valor adicionado, a lei de remessas de lucros, a criação do Sistema Financeiro de Habitação, o realismo tarifário e cambial e maior abertura da economia. Essas reformas não só viabilizaram o controle monetário, reorganizando as finanças públicas, mas introduziram maior racionalidade no sistema econômico como um todo, aumentando a segurança e incentivos para investimentos.

A partir de 1968, a gradual perda do apoio civil ao regime levou-o a buscar resultados imediatos para se legitimar. O crescimento acelerado tornou-se prioritário, mesmo que para isso fosse necessário desconstruir gradualmente aquelas reformas. O Banco Central perdeu sua independência e passou-se a tolerar inflações mais altas, cuja contenção dependeu crescentemente de controle de preços. O arcabouço tributário sofreu modificações e manipulou-se a correção monetária.

Após a crise do petróleo de 1973, o modelo de crescimento exigia correções, mas optou-se por adiar o ajuste e manter políticas de aceleração do crescimento, dado que o combate à inflação não era a prioridade dos desenvolvimentistas da época. Em vez de se promover exportações com realismo cambial, optou-se por inibir importações com elevada proteção tarifária e a Lei do Similar Nacional. A segunda crise do petróleo de 1979 pegou o país endividado, com economia cada vez mais fechada e inflação em 40% ao ano. Mais uma vez, o imediatismo predominou: enquanto o mundo entrava em recessão, o Brasil tentou reeditar o "milagre", esquecendo-se de que o crescimento dos anos 1968-1973 decorreu, em grande parte, das reformas implantadas pelo Paeg. Após a redemocratização, mais uma vez, buscaram-se resultados de curto prazo, o que levou o país à hiperinflação, moratória e ruína de sua infraestrutura. Até hoje os planos heterodoxos que apostaram em soluções fáceis cobram suas contas.

Em 1994, exatos 30 anos após o Paeg, o Plano Real iniciou um longo processo de correção de rumos. O fim da inflação ganhou prioridade. Reformas econômicas levaram à eliminação de monopólios estatais, substituídos por empresas privadas supervisionadas por agências reguladoras independentes da ingerência política de curto prazo. A melhoria da educação entrou na agenda. O Estado deixou de ser empresário para se concentrar em sua tarefa de coordenador, e não agente direto, da economia. A partir de 1999, com a adoção do tripé macroeconômico, o país deu mais um passo na direção da boa gestão. Em 2003, com a chegada de Lula ao poder, houve redução de ritmo, mas não inversão da rota. A estabilidade macroeconômica viabilizou a melhoria da distribuição da renda.

Entretanto, mais uma crise externa, no caso a do *subprime* em 2008, foi utilizada como justificativa para a reversão das reformas e, a partir de então, começou-se a desconstrução do real: o Banco Central perdeu sua independência operacional; o tripé macroeconômico foi descaracterizado; as agências reguladoras sofreram aparelhamento; os bancos públicos foram induzidos ao gigantismo; a Petrobras, logo após uma grande capitalização, acabou descapitalizada para ajudar no combate à inflação, para citar somente algumas das etapas da desmontagem do real.

A América Latina, e não só o Brasil, tem uma triste tradição de não aprender com os erros do passado e, pior, ignorar os acertos. O Brasil ainda está longe da Argentina, que vem adotando com entusiasmo uma série de políticas, como controle de preços, estatização de empresas e manipulação cambial, que já jogou o país em crise inúmeras vezes. O Brasil está mais longe ainda da Venezuela, que adiciona a tudo isso uma crescente dependência de um setor de petróleo cuja eficiência vem caindo continuamente. Entretanto, os pífios resultados da "nova matriz econômica" implantada após 2008 – inflação acima da meta, crescimento baixo e elevados déficits em conta-corrente, além de todos os erros no setor de energia – mostram que o Brasil também não aprendeu com sua própria história e tenta acertar repetindo o que nunca deu certo.

Desigualdade no Brasil e na China

19/3/2014

De acordo com a teoria tradicional, quando um país pobre e fechado se abre para o comércio internacional, há uma melhoria em sua distribuição de renda. Isso ocorre porque as exportações de produtos primários provocam um aumento da demanda por seus trabalhadores de baixa qualificação, gerando elevação de seus salários, ao mesmo tempo que as importações de produtos de maior conteúdo tecnológico diminuem a demanda por seus trabalhadores mais qualificados, provocando queda de seus salários.

Na China, em contraste com a teoria resumida acima, a desigualdade de renda vem aumentando. Uma possível explicação para esse fenômeno é que a maior desigualdade chinesa talvez seja apenas temporária. Até 1978, a China vivia em estagnação e pobreza. Após as reformas de Deng Xiaoping, o país passou a crescer aceleradamente. A agressiva promoção de exportações e, de forma alguma menos importante, o crescimento exponencial das importações levaram a China a especializar-se em setores nos quais o país tinha maior produtividade, bem como a importar bens de setores em que, por uma razão ou outra, sua produtividade era baixa. O resultado foi a ampliação dos manufaturados cuja produção requer intensivo emprego de trabalho de baixa qualificação, em detrimento da produção de *commodities* minerais e agrícolas.

Como consequência, houve uma grande migração das áreas rurais para urbanas. Nas cidades, houve acelerado aumento da renda, tanto na indústria quanto nos serviços. Centenas de milhões de pessoas saíram da pobreza, talvez em um ritmo jamais visto anteriormente, embora alguns tenham enriquecido mais que os outros. No caso daqueles que ficaram no campo, a renda evoluiu lentamente, de modo que a distância entre a renda rural média e a renda urbana daqueles que se juntaram aos setores dinâmicos aumentou muito.

Mas é provável que, conforme mais e mais chineses continuarem a migrar para as cidades, a crescente escassez de mão de obra no campo provoque elevação dos salários rurais e, portanto, menor desigualdade entre campo e cidade. Na Coreia do Norte, em contraste com o observado na China, a distribuição de renda certamente se mantém mais igualitária – afinal, todos são igualmente miseráveis – e, como não há crescimento, permanecerá assim por muito tempo. Isso sim é um problema.

No Brasil, o crescimento recente da renda *per capita* veio acompanhado por diminuição da desigualdade. Embora governistas e petistas em geral tentem se apropriar disso, não é verdade que a melhora da distribuição de renda tenha decorrido principalmente das políticas sociais implantadas a partir de 2003. O aumento acelerado da educação e fatores demográficos explicam a maior parte da queda da desigualdade. A parcela da queda da desigualdade decorrente das políticas de transferências e aumento do salário mínimo é estimada entre um terço e 20% da redução total da desigualdade. Não é pouco, mas não é tudo.

Desde finais dos anos 1980, tem ocorrido uma melhoria da escolaridade, ainda que a ritmo mais lento do que o desejável. A taxa de analfabetismo, que era de cerca de 20% no final dos anos 1980, situa-se hoje abaixo de 9%. A escolaridade média da população adulta aumentou em três anos, e a dos jovens mais ainda. No mesmo período, a frequência escolar dos jovens entre 15 e 17 anos passou de 55% para 84%. Como o número de pessoas educadas que entram no mercado de trabalho vem crescendo, o valor de mercado de cada ano adicional de estudo vem caindo.

Ao mesmo tempo, diminui o número de trabalhadores pouco educados que entram no mercado, o que provoca a elevação dos salários desses trabalhadores de menor renda. Por esse mecanismo, a renda dos pouco educados tem avançado mais rapidamente – em ritmo chinês – que a dos mais educados – que cresce em ritmo europeu. O resultado é a redução da desigualdade.

Tanto no caso chinês quanto no caso brasileiro, somente em um sentido muito amplo pode-se dizer que foram as políticas públicas as responsáveis pela piora ou melhoria da distribuição de renda, respectivamente. No caso chinês, trata-se de um efeito colateral de seu processo de crescimento que tende a se reverter com o tempo e, dentro de certos limites, poderá ser amenizado com o fim das restrições à migração interna e ampliação dos direitos básicos a todos os trabalhadores. No Brasil, está mais ligado ao aumento da escolaridade e forças de mercado do que aos aumentos do salário mínimo ou de programas de transferência, como o Bolsa Família. Além disso, os dados recentes parecem indicar que esse processo perdeu ímpeto. E tende a perder mais ainda, devido à desvalorização do câmbio real que o país vem experimentando. A partir do estágio atual, as políticas públicas com maior impacto são as estruturais, como a ampliação de ensino pré-escolar e a melhoria da qualidade da educação.

Tendo atingido seu nível atual, é pouco provável que o salário mínimo possa continuar subindo continuamente acima da produtividade média do trabalho. Dessa forma, seria recomendável que o próximo governo compensasse essa realidade desmontando políticas claramente regressivas, como as restrições ao comércio internacional, a universidade pública gratuita para os mais privilegiados e o crédito subsidiado por bancos públicos concedido a empresas e grupos escolhidos por critérios misteriosos.

Contradições do capitalismo

16/4/2014

A recente valorização cambial e da Bolsa de Valores, na esteira da divulgação de pesquisas de opinião que identificaram uma queda da avaliação favorável ao governo Dilma, constitui um exemplo interessante da contribuição dos mercados financeiros para o bom funcionamento da democracia. Longe de agirem mancomunadamente contra uma candidatura que há três anos lhes impõe grandes perdas, a atuação dos "especuladores", assim como em certo sentido ocorreu em 2002, favorece o PT.

Em 2002, quando o então candidato Lula começou a despontar nas pesquisas eleitorais, investidores temerosos de que a chegada do PT à presidência da República trouxesse um repúdio da dívida pública começaram a retirar seus recursos do país. A crescente fuga de capitais provocou uma gradual desvalorização cambial. A cotação do dólar, que havia começado aquele ano em R$ 2,30, alcançou R$ 3,70 logo após o primeiro turno, no início de outubro, e R$ 3,95 às vésperas do segundo turno. No rastro da desvalorização cambial, sobreveio uma grande pressão inflacionária. Tendo-se situado em torno de 0,5% ao mês durante o primeiro semestre, a inflação atingiu 3% ao mês (42% ao ano) no momento em que os eleitores depositavam seus votos nas urnas.

O faro político de Lula levou-o a apresentar aquela acelerada elevação dos preços como evidência da má gestão do governo FHC em final de mandato. Na tarefa de convencimento, Lula contou com a traumática lembrança dos incômodos gerados pelo apagão do ano anterior. Para muitos, a argumentação do candidato mostrou-se convincente. Dispondo de inigualável capacidade de comunicação, Lula foi beneficiado pela crise de confiança por ele próprio gerada (embora uma guinada para o centro ao longo da campanha, com a divulgação da "Carta aos brasileiros", por exemplo, tenha sido também importante). Assim, sua eleição contou com a paradoxal colaboração dos "especuladores capitalistas" que deveriam lutar por sua derrota.

Neste ano de 2014, mais uma vez, os "especuladores" estão auxiliando o partido que lhes é adverso. Como bem registrado em 10 de abril, neste espaço, por Mario Mesquita, muitos fatores – como a elevação da taxa Selic pelo Banco Central, acompanhada da perspectiva de lenta retirada dos estímulos monetários quantitativos nos EUA, e a fuga de capitais da Rússia após a crise na Ucrânia, para citar apenas alguns – contribuíram para a melhoria do mercado brasileiro. Mas é inegável o impacto da queda da avaliação favorável ao atual governo, identificada por recentes pesquisas de opinião pública. Logo após a divulgação das novas pesquisas, houve significativa entrada de capitais, a ponto de derrubar a cotação do dólar da faixa de R$ 2,4 para R$ 2,2. Também os preços das ações de estatais abaladas pela temerária gestão petista, como Petrobras e Eletrobras, tiveram notável recuperação.

A valorização cambial ajudará no combate à inflação, beneficiando a candidatura Dilma. A recuperação do valor de mercado da Petrobras, por sua vez, dificultará a tarefa da oposição ao tentar demonstrar para os eleitores quão deletéria foi a manipulação política da empresa. Como explicar essa atitude contraditória do "mercado financeiro" que, em vez de trabalhar em favor da eleição de candidatos da oposição, ajuda a reeleger uma candidata que se lhe mostrou hostil em várias ocasiões?

O fenômeno é um exemplo típico daquilo que a literatura especializada denomina "poblema da ação coletiva". Diante de uma eventual derrota da atual presidente, os investidores preveem uma mudança da política econômica que, depois de implantada, levaria a uma valorização das ações. Para o mercado financeiro, portanto, seria uma bênção a mudança de governo. Isso deveria estimulá-lo a ajudar os partidos que lhe fossem favoráveis, e não o contrário.

Ocorre que o mercado financeiro – isto é, o conjunto dos investidores que atuam descoordenadamente – não age em uníssono como preveem as mais variadas teorias conspiratórias esquerdistas e populistas. Cada investidor, ao constatar que a probabilidade de reeleição da atual presidente diminui, identifica uma possibilidade de lucro na elevação futura das cotações, o que o leva a antecipar para já suas ordens de compra. A soma das ações individuais provoca a imediata valorização das ações e do câmbio que, como descrito acima, beneficiam a campanha de reeleição do PT. Por esse mecanismo, cada especulador, movido por sua ganância, contribui para a perda coletiva que resultaria da continuidade do governo que todos eles gostariam de ver fora do poder. O resultado da soma de pequenas racionalidades individuais é uma grande irracionalidade coletiva.

A experiência de 2002 e 2014 deveria inspirar a esquerda brasileira, tal como ocorrido na Inglaterra de Tony Blair e na Espanha de Felipe González, a rever seus empoeirados conceitos. Mas é provável que ela identifique nesses episódios apenas mais um exemplo daquilo que a literatura marxista grandiloquentemente denomina "contradições do capitalismo", embora, claro, a contradição mor – o inexorável fim do capitalismo – pareça tão distante quanto na época que foi prevista por Marx, há mais de 150 anos.

Ajuste? Que ajuste?

21/5/2014

Uma análise objetiva das condições atuais da economia – crescimento pífio, inflação persistentemente no topo da meta, aumento contínuo da relação dívida bruta/PIB e elevado déficit do balanço em conta-corrente – leva à conclusão que, se o país intenciona voltar a crescer de forma sustentável, então o próximo governo terá de implantar ajustes inevitáveis e talvez dolorosos. Entretanto, o alto volume de reservas internacionais bem como a perspectiva de lenta recuperação da economia mundial, com consequente manutenção da elevada liquidez internacional, podem viabilizar o adiamento do penoso encontro com a realidade por mais um par de anos, quiçá até um mandato presidencial.

A situação econômica atual é medíocre, mas está longe de ser catastrófica. Para um país que já conviveu com inflação de 40% ao mês, profundo desajuste das contas públicas, recessões prolongadas, moratória de sua dívida externa, enfim com uma ampla desorganização de seu sistema produtivo, o momento não assusta tanto. Especialmente levando-se em conta a melhoria dos indicadores sociais dos últimos 20 anos. A situação de hoje é grave frente ao potencial brasileiro, mas não em relação a um passado de caos. Estamos mais para uma febre intermitente do que para uma pneumonia crônica.

O país está longe de realizar todo o seu potencial porque interrompeu a agenda de reformas dos anos 1994 a 2005, tendo acumulado uma série de distorções que vêm aumentando a ineficiência de sua economia. Agravando o problema, muitas daquelas reformas vêm sendo revertidas. Por exemplo, o tripé macroeconômico, uma notável conquista em termos de estabilidade das contas públicas e previsibilidade do manejo da política monetária, foi virtualmente abandonado. O teto da meta tornou-se a meta de fato, enquanto a geração de superávit primário decorre dos artifícios da contabilidade criativa. A nova política anti-inflacionária passou a depender crescentemente de controles de preços, o que não só adia a solução do problema, mas cria dificuldades graves para uma série de setores da economia. O déficit em conta-corrente ultrapassou US$ 80 bilhões em 2013 e deve aumentar ainda mais neste ano.

No que toca a aspectos mais estruturais, a qualidade da regulação de importantes setores da economia vem se deteriorando aceleradamente, devido a uma visão equivocada de que essa seja uma atividade de governo e não de Estado. O acionista controlador da Petrobras sacrifica a empresa para controlar a inflação, enquanto a CVM e a ANP fingem que não é com elas. O mesmo acionista obriga a Eletrobras a aderir a contratos que comprometem sua geração de caixa, diante de similar omissão da Aneel e, de novo, da CVM. A qualidade da infraestrutura vem caindo diante da insuficiência de investimentos.

O ambiente de negócios, um problema de longa data no país, não dá sinal de melhora. A tributação é muito alta, apresenta distorções que reduzem a eficiência microeconômica, e sua arrecadação impõe um pesado ônus administrativo às empresas. A morosidade histórica do sistema judiciário eleva riscos empresariais, enquanto a burocracia desestimula a abertura de novos negócios e dificulta a vida dos já existentes. Há inúmeras barreiras ao comércio internacional – tarifas altas, lentidão nos portos, burocracia para liberar bens – que encarecem os produtos importados, prejudicam as exportações e afastam o país não só de cadeias produtivas internacionais, mas também das tecnologias de ponta. Os exemplos são muitos.

Entretanto, de acordo com declarações recentes de destacados membros do governo, tudo parece estar correndo bem, não havendo necessidade de reformas. Por esse diagnóstico, o Tesouro pode continuar transferindo recursos para os bancos públicos para que continuem subsidiando setores escolhidos sem critério de avaliação de resultados. Essa conta só será paga no futuro. O déficit do setor elétrico pode continuar aumentando, já que se conceberam mecanismos criativos para subsidiar o setor, sem que seus custos impactem o superávit primário. Outra conta empurrada para o futuro.

Diante do alto volume de reservas internacionais, juros domésticos acima dos internacionais acompanhados de *swaps* cambiais viabilizam a atração de capitais para financiar o elevado déficit em conta-corrente. Os preços administrados podem continuar controlados por algum tempo, o que prejudicará ainda mais a Petrobras, mas certamente não ameaçará sua sobrevivência. Isso contribuirá para que o tripé possa permanecer frouxo e a inflação no teto da meta, mas ainda em níveis civilizados. O paciente ainda suporta muito mais do mesmo remédio.

É perfeitamente possível, portanto, que o Brasil possa sobreviver por mais um tempo sem ajustes. O lado bom seria alguns anos – 2015 e 2016, talvez alguns mais – sem sacrifícios e sobressaltos. O lado ruim é que o acúmulo de problemas, a deterioração adicional do ambiente de negócios e a percepção de dificuldades futuras afetarão negativamente os investimentos, a eficiência e a produtividade da economia. A manutenção da rota atual é compatível com um breve futuro sem sustos, mas de crescimento medíocre, exatamente como nosso passado recente.

Falsos dilemas

18/6/2014

Com a aproximação das eleições presidenciais, os eleitores são induzidos a pensar que terão de escolher entre uma política social que enfatiza a continuidade da melhoria da distribuição de renda ou uma política econômica que priorizaria o crescimento do bolo, desprezando sua distribuição. Na realidade, uma boa política social tem como pré-requisito uma boa política econômica.

Quando as ideias socialistas ganharam terreno na Europa do século XIX, seus líderes defendiam a propriedade estatal dos meios de produção, aliada ao planejamento central de todas as etapas do processo produtivo. Após a derrocada da antiga União Soviética, acompanhada da guinada chinesa em direção ao modo de produção capitalista, os socialistas deixaram de defender a propriedade estatal da produção. A esquerda europeia resignou-se à organização privada da produção, mas sobre ela impôs uma elevada carga tributária para financiar programas sociais.

No Brasil, o processo acima ocorreu com grande defasagem temporal, mas a direção foi a mesma. Após a redemocratização, políticos eleitos priorizaram programas sociais, em detrimento de investimentos de grandes empresas estatais. Diante da crescente penúria da infraestrutura nacional, na década de 1990, a insuficiência de recursos levou governantes eleitos a privatizar grandes empresas estatais, em alguns casos transferindo-as a capitais estrangeiros.

A prioridade definida pelo pragmático eleitor brasileiro, reconfirmada ao longo de meia dúzia de eleições presidenciais, é clara: o brasileiro quer inflação baixa, renda adequada e bons serviços públicos. Os programas sociais atualmente existentes não foram opções de um partido que seria o único preocupado com os pobres, mas decisões de toda a sociedade implantadas por partidos antagônicos no plano eleitoral. A saúde universal, bem como a equiparação da aposentadoria rural à urbana, por exemplo, foram obras da Constituição de 1988. A Lei Orgânica da Assistência Social, que assegurou um salário mínimo "à pessoa portadora de deficiência e ao idoso que comprovem não possuir meios de prover a própria manutenção" é de 1993.

A estabilização monetária viabilizou o aumento real do salário mínimo, independentemente do partido no poder – 4,5% anuais no governo de FHC, 6,3% no de Lula e 4,1% nos três primeiros anos de Dilma. Idealizado por Cristovam Buarque (então PT), o programa Bolsa Escola foi implantado em 1995, pelo próprio Cristovam em Brasília, e na mesma época em Campinas, por Roberto Teixeira, do PSDB. Em 2001, FHC levou o programa ao nível federal. A partir de 2003, Lula o expandiu com grande sucesso, já sob a nova alcunha de Bolsa Família. Para financiar os crescentes gastos sociais, os dois partidos, que tanto se antagonizam no plano eleitoral, mostraram-se semelhantes no campo tributário: ao longo do governo FHC a carga tributária cresceu de 28% do PIB para 32%, chegando a 34% ao final da gestão Lula, devendo atingir 36% em 2014.

A privatização começou com Collor, passando por Itamar (CSN), ganhando intensidade com FHC (Vale, Telebras, Embraer e outras). Em seu primeiro mandato, Lula não hesitou em privatizar bancos estaduais (Ceará e Maranhão) que haviam passado ao controle federal e deu continuidade às concessões de rodovias à gestão da iniciativa privada. Dilma, depois de forçar o Banco Central a reduzir a taxa real de juros a seu mais baixo patamar histórico e tentar convencer concessionários a aceitar taxas de retorno igualmente baixas, a partir de maio de 2013, quando a pressão inflacionária exigiu a mudança daquela política monetária, promoveu grandes leilões de concessão. A preferência pela privatização – ou concessão, sua versão politicamente correta – é uma escolha do eleitor pragmático que quer melhores serviços, sem se importar com nacionalismos de cunho ideológico.

O que precisa ser feito para recolocar a política econômica nos trilhos não requer tanto sacrifício, mas muito bom senso: cumprimento estrito da meta de superávit primário sem artifícios contábeis; liberdade operacional ao BC, para que os formadores de preços voltem a acreditar que a meta de 4,5% é de fato o objetivo daquela autoridade monetária; flutuação cambial, para que essa variável possa absorver choques externos; realismo de preços administrados, para coadjuvar o BC na tarefa de coordenação de expectativas inflacionárias; desaparelhamento das agências reguladoras; reversão da ineficiente política industrial que custa 0,5% do PIB em subsídio ao capital, além de atrofiar o desenvolvimento do mercado de capitais.

Os dois principais candidatos presidenciais da oposição já deixaram claro que os pilares dessa política social que vem sendo construída nos últimos 20 anos serão mantidos. Assim, em outubro, o que o eleitorado vai decidir se muda, ou se permanece como está, não serão as políticas sociais nem as restrições ao Estado empresário, mas como avançar nesse campo, como melhorar os serviços urbanos e como corrigir todos os problemas – inflação e baixo crescimento, por exemplo – criados por uma política econômica que certamente não está funcionando.

A independência do BC e do BNDES

16/7/2014

"Autoridades eleitas pelo povo, mais do que quem é nomeado presidente do Banco Central, deveriam ter a palavra final na formulação da política monetária. O Banco Central tem autonomia operacional, e achamos que a economia – e a questão monetária é parte da economia como um todo – precisa ser dirigida por aqueles que são eleitos. Eu sou contra a autonomia formal do Banco Central". Essa declaração, feita em maio último por Rui Falcão, presidente do PT, é representativa do pensamento de políticos e economistas de esquerda sobre o tema.

Tem razão Rui Falcão ao afirmar que os tecnocratas do BC não têm delegação popular para decidir qual deve ser a taxa de inflação do país. A taxa de inflação equivale a uma alíquota de tributação sobre a moeda mantida no bolso pelos cidadãos. Numa sociedade democrática, questões envolvendo tributação devem ser decididas pelos representantes eleitos. A decisão sobre qual é a meta de inflação a ser atingida, bem como a faixa de tolerância em torno dela, é uma decisão política. Como tal, só pode ser tomada por quem teve voto. A questão da independência do BC se coloca somente após essa decisão: quem, melhor que os tecnocratas de um BC independente, poderá transformar em realidade o cumprimento daquela meta democraticamente definida pelos representantes do povo?

Se a diretoria de um BC independente recebesse a missão de cumprir uma meta de inflação definida por representantes eleitos pelo povo, ela teria enorme força política para implantá-la. Diante de pressões de curto prazo para baixar os juros, ela teria de receber daqueles mesmos eleitos pelo povo uma categórica contraordem. Nesse caso, os jornais apresentariam suas manchetes: "Presidente determina ao BC que desista de combater a inflação". Nas eleições seguintes, os eleitores decidiriam, democraticamente, pela substituição, ou não, de seus representantes.

O que se ganha com a independência do BC é a blindagem de sua diretoria contra pressões políticas, algo que se observou recentemente no Brasil, tendo levado a uma política monetária tolerante em relação à inflação. Hoje, diante da frequente interferência do Executivo, os agentes econômicos esperam o pior, o que estimula remarcações preventivas de preços, dificultando a tarefa da autoridade monetária. Em essência, a autonomia formal do BC aqui defendida seria análoga àquela que rege as agências reguladoras, cuja atuação é definida pelas leis complementares que as criaram.

Curiosamente, os mesmos críticos da independência do Banco Central defendem a ilimitada autonomia hoje concedida ao BNDES. Desde a crise do *subprime* em 2008, o Tesouro transferiu ao banco mais de R$ 300 bilhões. Trata-se de algo próximo a um orçamento paralelo, pois a destinação dos recursos segue prioridades definidas pelo próprio BNDES, além do fato de a magnitude do subsídio e sua distribuição não serem divulgados devido ao sigilo bancário. O Poder Legislativo limita-se a aprovar os repasses do Tesouro ao BNDES, que os utiliza segundo prioridades e políticas decididas internamente sem muita discussão e prestação de contas à sociedade. Tal liberdade de ação é muito superior àquela concedida aos bancos centrais independentes ao redor do mundo.

A opacidade quanto aos critérios de alocação definidos pelo próprio BNDES salta aos olhos. Por que o banco resolveu financiar de forma tão decidida o setor de carnes, por exemplo, concentrando seus financiamentos em poucas empresas? Não se conhece qualquer documento mais profundo sobre essa diretriz, muito menos alguma explicação mais embasada para os R$ 250 milhões investidos em um frigorífico que faliu apenas três meses depois de receber esses recursos. Não se conhecem avaliações rigorosas do conjunto de políticas do banco. Dado o diferencial de 6% ao ano entre a taxa de captação do Tesouro – Selic ou NTNB – e a TJLP, pode-se estimar em pelo menos R$ 20 bilhões anuais o volume de subsídios distribuídos pelo banco, sem escrutínio adequado.

A taxa de investimento do país pouco mudou durante a fase de crescimento dos citados aportes do Tesouro. Em princípio, é possível que um estudo rigoroso com dados claros e acessíveis a todos os interessados possa convencer analistas econômicos de que, na ausência daqueles empréstimos, a situação do investimento estaria ainda pior. Entretanto, em que pese à competência de seu corpo técnico, o banco não produziu qualquer avaliação que vá além de generalidades – "criamos X empregos, financiamos Y empresas". Não há números, simulações ou estimativas rigorosas do retorno líquido dos financiamentos do banco, nem dos usos alternativos para aqueles fundos.

Combater a independência do Banco Central e, simultaneamente, apoiar a ilimitada independência do BNDES refletem uma visão de mundo. Governantes gostam de exercer discricionariamente o poder, embora, em geral, regras claras e estáveis gerem melhores resultados. A maior liberdade de ação nos dois casos permite ao governo, no curto prazo, implementar as políticas que julga mais apropriadas. Entretanto, a inflação acima da meta, mesmo com controle de importantes preços administrados, e o baixo crescimento, mesmo com a explosão do crédito público, mostram que em médio e longo prazos esse excesso de flexibilidade nas mãos do governo central não tem funcionado.

Temas eleitorais proibidos

20/8/2014

O início da campanha eleitoral, temporariamente suspensa pelo trágico falecimento de Eduardo Campos, permite antever propostas vagas de mudança no rumo da atual política econômica, sem que os candidatos se exponham ao risco de explicar ao eleitor como fazê-lo de forma indolor.

Nos últimos 20 anos, o país evoluiu muito. Baixou a inflação anual de três dígitos para apenas um, bem como melhorou a distribuição de renda, conforme medido pela queda do índice de Gini, de 59,7 em 2002 para 52,6 em 2012. Nos dois casos, as políticas adotadas obtiveram resultados relativamente rápidos e de baixo custo para o eleitor, deixando para o futuro o equacionamento definitivo de sua sustentação.

Após o trauma de uma década e meia de instabilidade macroeconômica, a inflação foi finalmente debelada pelo Plano Real em julho de 2004. Numa primeira etapa, a queda da inflação se deu sem sacrifícios. O custo da estabilização monetária foi apresentado ao eleitorado somente após a desvalorização cambial de janeiro de 1999. A queda do salário real decorrente da desvalorização, a disciplina orçamentária estabelecida pela Lei de Responsabilidade Fiscal e as amarras do tripé macroeconômico – superávit primário, câmbio flexível e metas de inflação – consolidaram o Real, mas custaram a FHC sua popularidade.

A melhoria da distribuição de renda seguiu processo análogo devido a uma propriedade aritmética: quando se parte de uma distribuição de renda muito ruim, é possível conciliar um lento crescimento da renda da economia (PIB) com uma rápida melhoria da renda dos mais pobres. Entre os anos 2000 a 2010, o crescimento do PIB foi de 3,3% ao ano. Nesse período, a renda recebida pelos 60% de brasileiros mais pobres elevou-se de 18,1% do PIB para 21,6%. Enquanto a renda dos 60% mais pobres aumentou rapidamente ao ritmo de 5,2% ao ano, a renda dos 40% mais ricos elevou-se lentamente a 2,9% ao ano. Bastou dar um pouco menos aos mais ricos, para que fosse dado muito mais aos mais pobres.

A evolução da distribuição de renda é explicada por uma combinação de fatores, alguns sob o controle da política econômica, outros exógenos. No primeiro grupo, identificam-se o aumento real do salário mínimo, a expansão dos programas sociais e a ampliação da educação básica. No grupo de fatores exógenos, destacam-se a transição demográfica e a elevação dos preços das *commodities* exportadas pelo país. A transição demográfica reduziu o ritmo anual de chegada de novos trabalhadores desqualificados ao mercado de trabalho, contribuindo para a queda do desemprego, o que favoreceu a elevação dos salários nessa faixa do mercado de trabalho. Os maiores preços das *commodities* provocaram a valorização do câmbio que, por sua vez, elevou o poder de compra dos trabalhadores menos qualificados.

O sucesso alcançado na distribuição de renda é uma conquista notável de que todo brasileiro deve se orgulhar. Mas para financiar os programas sociais, a carga tributária teve de ser continuamente aumentada, tendo atingido 36% do PIB, quase o dobro da média dos Brics.

Desde 2011, o governo vem tentando arrumar dinheiro com medidas desesperadas que geram alguma receita no curto prazo à custa de receita futura. Os inúmeros Refis sucessivos ensinaram aos empresários que, diante de um aperto de caixa, eles devem se financiar em cima do governo, suspendendo o recolhimento de impostos, pois no ano seguinte surgirá um novo Refis para quitarem suas obrigações tributárias sem multas. As metas de superávit primário frustradas deram origem à contabilidade criativa, que abalou a credibilidade do Tesouro. As desonerações setoriais à indústria, recentemente tornadas permanentes pela presidente em busca de apoio empresarial à sua recandidatura, contribuem para alimentar o pessimismo em relação ao equilíbrio fiscal futuro. A queda contínua dos índices de confiança de consumidores e de empresários reflete a incerteza gerada por medidas insustentáveis.

Dados a desorganização das finanças públicas e o aumento expressivo dos gastos, há algum espaço para ajustes via redução das despesas. É possível, por exemplo, reduzir os subsídios ao setor produtivo, que poucos benefícios têm gerado ao país, mas representam parcela crescente do orçamento federal. Entretanto, grande parte das despesas é rígida, o que exige mudanças na legislação e complicadas negociações políticas.

São medidas impopulares. Por exemplo, já são gastos hoje, com a previdência social, 12% do PIB, mesma proporção de países com população bem mais idosa que a brasileira. Com o envelhecimento da população, essas despesas tendem a explodir no futuro. Uma reforma do atual sistema previdenciário é inevitável, mas de difícil venda ao eleitorado.

Dado o nível já alcançado, manter o ritmo de elevação de gastos com os programas sociais e outras despesas constitucionais, sem modificar seus formatos atuais, exigirá a contínua elevação de uma carga tributária que já é muito alta. Elevá-la ainda mais inviabilizaria a sobrevivência de setores em que a indústria de transformação brasileira não possui grande vantagem comparativa. Trata-se de uma decisão política que não cabe aos economistas. Os frutos fáceis de colher já foram colhidos, e os que ainda não o foram estão no alto da árvore. Mas os políticos não parecem dispostos a abordar o problema.

Ideias que avançam lentamente

17/9/2014

A polêmica gerada pela acirrada propaganda da candidata à reeleição contra a proposta de banco central independente, projeto defendido por sua opositora mais provável no segundo turno, deve ser vista como uma mera etapa na longa evolução institucional do país. Assim como ocorreu no passado, o que hoje é polêmica, amanhã terá se tornado um fato consumado e devidamente compreendido pela sociedade.

O Brasil é um país que enfrenta mudanças em seu modelo econômico, mas o faz muito vagarosamente. No século XIX, uma economia agroexportadora fundada na escravidão apresentou crescimento lento por décadas. A longa campanha abolicionista iniciou-se abertamente em 1870, após a Guerra do Paraguai, mas seguiu vagarosas etapas: primeiro a Lei do Ventre Livre (1871), depois a Lei dos Sexagenários (1885) e, finalmente a Lei da Abolição (1888). O esgotamento moral e econômico do modelo de trabalho forçado levou à sua autodestruição. Na República Velha, a economia seguiu o modelo agroexportador, atualizando o modelo de trabalho para o assalariado. A lenta industrialização, cujos primeiros rebentos brotaram no rastro da imigração europeia para São Paulo, tornou-se uma estratégia de desenvolvimento somente em meados do século passado.

Alguns debates acirrados marcaram episódios notáveis da evolução das ideias econômicas no país. A campanha pela nacionalização do petróleo opôs céticos a nacionalistas, tendo culminado na Lei do Monopólio, em 1953. Como sempre, a inspiração foi estrangeira, seguindo os exemplos de México e Venezuela. A diferença é que, nesses países, a nacionalização ocorreu após as empresas estrangeiras terem localizado o petróleo em escala comercial. No Brasil, o nacionalismo exacerbado estatizou o risco de sua localização e exploração, tendo drenado vultosos recursos que teriam tido retorno maior caso investidos na educação. Somente na década de 1990, o monopólio do petróleo foi eliminado, com extraordinário aumento da produção nacional.

Outro debate acalorado foi o da reforma agrária. Essa histórica bandeira da esquerda, que mobilizou políticos de várias gerações, tornou-se economicamente inviável após as mudanças tecnológicas por que passou a agricultura. No século XIX, a agricultura era uma atividade intensiva em terras e trabalho; atualmente ela tornou-se mais intensiva em capital do que em trabalho. Numa meritória decisão tomada sem alarde, o governo Dilma compreendeu essa mudança, tendo engavetado a reforma agrária, priorizando em seu lugar o exitoso programa Minha Casa Minha Vida. Em vez de se despenderem recursos espalhando miséria no campo, passou-se subsidiar a compra de imóveis destinados à população desfavorecida das cidades, contribuindo-se para a formação e ampliação de uma classe média de proprietários urbanos.

Na década de 1980, enquanto o processo de transição do regime militar para o civil estava em curso, o acalorado debate sobre a reserva de mercado da informática conseguiu a proeza de unir uma improvável rede de simpatizantes formada por militares nacionalistas, empresários atraídos pelo lucrativo cartório em concepção, UNE, OAB e até a SBPC. O atraso tecnológico decorrente daquela decisão somente seria revertido com a abertura da economia promovida na década de 1990, mas seu impacto sobre a eficiência de nossa economia durou muito mais tempo.

A privatização de importantes setores da economia, criando oportunidades para investimentos que teriam drenado vultosos recursos públicos, foi tabu até as reformas implantadas por FHC. A cada leilão de privatização realizado na antiga Bolsa de Valores do Rio de Janeiro, a praça XV de Novembro tornava-se um campo de batalha. A evolução da compreensão das restrições orçamentárias enfrentadas pelo governo levou até o PT a aceitar o que antes era um anátema. Prova inequívoca são os leilões de concessão realizados com sucesso em 2013, após uma renhida e fracassada insistência em forçar empresários a aceitarem as taxas de retorno artificialmente baixas propostas pelos editais iniciais.

O debate sobre o banco central independente se insere nessa série de temas que, em diferentes momentos, suscitaram polêmicas, mas acabaram digeridos pela sociedade. Conforme discutido em mais detalhe no artigo publicado neste espaço no último mês de julho, um banco central independente só é compatível com o regime democrático se a taxa de inflação a ser alcançada for definida por representantes eleitos pelo povo. Ao banco central cabe tão somente a tarefa técnica de cumprir a ordem recebida, utilizando os instrumentos necessários mais adequados para alcançar o objetivo, sem a interferência oportunista do partido político de plantão.

Assim, o controle é feito pela sociedade como um todo e não – como um dos lados do atual debate tem defendido – por grupos de interesses ou *lobbies* organizados. É, em essência, um instrumento institucional de democracias maduras – EUA, Canadá, Reino Unido, União Europeia etc. – muito bem-sucedido em sua função essencial: controlar a inflação.

Dois modelos, dois futuros

15/10/2014

O segundo turno da eleição presidencial coloca frente a frente propostas opostas de política econômica, refletindo visões antagônicas quanto ao funcionamento das economias de mercado. Indo além dos *slogans* de campanha e das desqualificações rasteiras de opositores, é interessante elencar as diferenças e potenciais impactos futuros na economia brasileira daquilo que cada candidato vem propondo.

A candidatura de Dilma Rousseff não apresentou qualquer plano de governo ou de campanha, alegando que suas intenções estão embutidas na proposta orçamentária para 2015. Esta, entretanto, entre subestimação de despesas e superestimação de receitas, embute um provável fosso de R$ 40 bilhões. Além disso, dados o baixo crescimento, baixo investimento, alta inflação, elevado déficit em transações correntes, temas de política econômica têm sido evitados, e sua campanha se concentra na política social. Na ausência de documentos mais palpáveis, é necessário ter como guias as políticas atuais e algumas pistas largadas aqui e ali durante a campanha.

A grande inovação do governo Dilma foi a "nova matriz econômica", que significou uma ruptura, não só com políticas de FHC, mas com as políticas de seu antecessor, o presidente Lula. Os principais itens desse modelo foram a desvalorização voluntarista da taxa de câmbio, a redução da taxa básica de juros, a expansão do crédito dos bancos oficiais, bem como uma ativa intervenção do governo na economia, seja por meio de políticas setoriais e subsídios, ou intervenção direta em mercados específicos, como o de energia. Com um diagnóstico de que o baixo crescimento decorria de insuficiência da demanda, concederam-se isenções e subsídios ao sabor das pressões de grupos organizados. Algumas políticas do governo anterior, como proteção comercial e a exigência de componentes nacionais, foram mantidas e ampliadas.

Essas políticas, que seguem de perto receituário desenvolvimentista, não alcançaram o resultado esperado. Diante da pressão inflacionária, algumas foram abandonadas – aumento da taxa Selic –; outras, totalmente invertidas, como as intervenções no mercado cambial, que deixaram de promover a desvalorização cambial para estimular a valorização com a venda de *swaps*. Entretanto, mesmo frente a óbvios sinais de desequilíbrio da economia, a candidata Dilma Rousseff não anunciou modificação de cardápio. Caso reeleita, pode-se antever duas possibilidades, e nenhuma delas inclui mudanças radicais.

A primeira envolveria um pequeno ajuste. A troca do comando da economia e o restabelecimento da transparência das contas públicas dariam alguma confiança aos agentes, impactando positivamente os investimentos. O déficit público crescente seria levemente contido com aumento de impostos. Pequenos ajustes de câmbio poderiam dar alguma folga nas contas externas, mas mantendo-se a taxa de câmbio administrada com operações de *swaps* e alguma perda de reservas. Os bancos públicos seriam utilizados com maior parcimônia e as transferências do Tesouro diminuiriam. A redução gradual do controle de preços administrados diminuiria distorções e melhoraria o ambiente de negócios. No médio prazo a economia cresceria um pouco acima do que vem crescendo hoje.

A segunda alternativa seria um adiamento do ajuste com aumento de medidas *ad hoc* ou intervencionistas. Algo como recuar para frente. Isso envolveria continuidade dos controles de preços, das transferências do Tesouro e das políticas de demanda. Esse caminho levaria inexoravelmente à perda do grau de investimento em 2015, fuga de capitais e, para detê-la, alguma forma de controle de capitais. Dada a impossibilidade de sucesso dessa alternativa, ela é menos provável que a anterior.

As propostas do candidato Aécio Neves são radicalmente diferentes, alinhando-se ao pensamento dominante da academia, às políticas dos países desenvolvidos, e próximas às políticas de FHC e do primeiro governo Lula. Haveria um ajuste de médio prazo, com realismo tarifário e restabelecimento do tripé macroeconômico – câmbio flutuante, controle do déficit primário e meta de inflação –, precondição para a estabilidade e o crescimento observados nos governos anteriores ao de Dilma Rousseff. O controle de gastos e a recuperação da transparência fiscal seriam parte da receita. Dados os sinais atuais de mercado, haveria uma lua de mel de curto prazo que, ao afetar favoravelmente as expectativas, estimularia os investimentos e a queda dos juros. Com essas medidas e maior confiança na economia, o financiamento do déficit em conta-corrente ficaria mais fácil.

Outra diferença é o diagnóstico de que grande parte dos problemas está no lado da oferta, o que implica uma agenda de reformas microeconômicas voltadas para a melhoria do ambiente de negócios e redução das distorções. Entre as medidas estaria uma simplificação da estrutura tributária, com unificação de impostos indiretos, eliminação dos repasses do Tesouro aos bancos públicos e reabertura gradual da economia.

Desde as eleições de 1994 não se veem duas visões e propostas tão antagônicas. Provavelmente, no restante da campanha em curso, a candidata Dilma Rousseff ignorará questões econômicas e enfatizará as conquistas sociais dos últimos 12 anos, afirmando que só um governo do PT poderá mantê-las e ampliá-las. Já Aécio Neves enfatizará os graves problemas econômicos artificialmente escamoteados, proporá reformas destinadas a resgatar o crescimento e avançar nas conquistas sociais. Cabe ao eleitor escolher.

O manifesto do retrocesso

19/11/2014

Em recente manifesto,* economistas desenvolvimentistas repudiaram o ajuste fiscal e a política monetária ativa como instrumentos de correção dos atuais problemas de inflação em alta e crescimento em baixa. O manifesto intitula-se "Economistas pelo desenvolvimento e inclusão social", como se houvesse algum economista no mundo contra tais objetivos. Adotando uma retórica inspirada em João Santana, denunciam aqueles que defendem a austeridade fiscal e monetária "exigindo juros mais altos e maior destinação dos impostos para o pagamento da dívida pública, ao invés de devolvê-los na forma de transferências sociais, serviços e investimentos públicos".

Ao sustentarem que "este tipo de austeridade é inócuo para retomar o crescimento e para combater a inflação em uma economia que sofre ameaça de recessão prolongada", os signatários pelo menos reconhecem que o Brasil passa por uma "desaceleração econômica" e que há um problema inflacionário, algo que vinham negando há tempos.

Durante a campanha eleitoral esses fatos não foram reconhecidos pelos mesmos economistas e pela própria presidente, que sistematicamente evitou discuti-los. Apesar de uma vitória eleitoral em que as verdades foram deliberadamente escondidas do eleitor,

---

* Ver em: <www.cartamaior.com.br/?/Editoria/Economia/Manifestodoseconomistaspelodesenvolvimentoe pelainclusaosocial/7/32180>. Acesso em: 15 nov. 2014.

o manifesto reitera que "a maioria da população brasileira rejeitou o retrocesso às políticas que afetam negativamente a vida dos trabalhadores e seus direitos sociais". Será que se os problemas tivessem sido reconhecidos pela candidata que acabou vencedora, os eleitores teriam mantido a mesma escolha?

O que propõem esses economistas? Mais do mesmo, nenhum ajuste. Há aqui coerência. A presidente Dilma Rousseff foi reeleita com uma plataforma de esquerda em que atacou decididamente qualquer proposta de correção de rumos e chegou a afirmar que um suposto ajuste a ser implantado por Aécio Neves no intuito de reduzir a inflação anual a 3% causaria um desemprego de 15%! Tratava-se de algo sem qualquer fundamento econômico, mas que politicamente servia para empurrar seu oponente para a direita e reafirmar a não necessidade de qualquer correção de rumo.

Afinal, como alguém a favor da "inclusão social" poderia pensar nisso? Assim, os signatários do manifesto têm razão em reclamar de um "ajuste conservador", que vai contra as promessas de campanha, embora, para muitos, esteja claro que sem ele o país não voltará a crescer e provavelmente perderá o grau de investimento, o que levaria a uma fuga de capitais, elevação dos juros, desvalorização cambial e maior inflação, comprometendo a continuidade da melhoria da distribuição de renda.

O manifesto reconhece que "é fundamental preservar a estabilidade da moeda", mas, lido e relido o documento, não se encontra qualquer proposta para reduzir a inflação, mas sim ataques veementes a qualquer estratégia coerente para combatê-la. Muito mais preocupados com o crescimento, esses economistas defendem ser essencial manter os juros baixos e "anunciar publicamente um regime fiscal comprometido com a retomada do crescimento", adiar medidas contracionistas e evitar a apreciação cambial.

Falta aqui autocrítica e humildade para reconhecer os erros. Nos últimos quatro anos o país foi comandado por economistas de esquerda que implantaram uma agenda que vinham defendendo desde sempre e que, em parte, é repetida no manifesto: redução voluntarista dos juros, desvalorização do câmbio, políticas industriais agressivas, proteção comercial e política fiscal expansionista.

A realidade, entretanto, é que o experimento desenvolvimentista fracassou. O país não cresce, a indústria está encolhendo, a taxa de investimento mantém-se baixíssima, a inflação – mesmo com todos os controles de preços – permanece acima do teto da meta, o déficit em conta-corrente mantém-se alto e os indicadores sociais apresentam estagnação.

Em vez de propor uma repetição da receita que não funcionou e esperar que dessa vez ela funcione, os signatários deveriam buscar entender onde foi que erraram. Deveriam estar se perguntando qual o problema de suas teorias e por que sua implementação foi tão desastrosa. Deveriam tentar entender por que, ao contrário do que sempre afirmaram, é impossível controlar simultaneamente juros e câmbio. Estariam os neoclássicos certos e esses preços seriam endógenos? Seriam as políticas setoriais envolvendo incentivos e controles arbitrários, por introduzirem tantas distorções no ambiente econômico, mais prejudiciais aos agentes econômicos como um todo do que benéficas aos agraciados? A lista é longa.

Embora uma parte dos signatários viva em perfeita ignorância dos avanços da teoria econômica dominante nos últimos 30 anos, grande parte deles sabe muito bem o que o lado de cá pensa. Nesse sentido, é indesculpável a estratégia retórica de rotular aqueles que deles discordam como "porta-vozes do mercado financeiro", como fazem no manifesto. Isso beira a desonestidade intelectual. Possui um eco stalinista muito comum aos partidos tradicionais de esquerda do passado: "Eu sou de esquerda, defendo a classe trabalhadora e, portanto, estou certo; você discorda de mim, logo é de direita e está contra os trabalhadores, portanto está errado".

Como estratégia de campanha eleitoral pode-se entender, reelegeu Dilma Rousseff. Como argumentação de economistas e cientistas sociais, esse reducionismo é de uma pobreza atroz, que mais revela a fraqueza dos argumentos que reforça o ponto defendido.

Duros desafios à frente

17/12/2014

Logo após a indicação de Joaquim Levy para o Ministério da Fazenda, a inquestionável competência do escolhido encheu de esperança muitos analistas perplexos diante do imbróglio gerado pela política econômica do primeiro mandato de Dilma Rousseff. A comparação entre os ajustes macroeconômicos implantados por Palocci em 2003 e o de Levy em 2015 recebeu logo excelentes análises, todas mostrando que a tarefa de Levy será mais difícil que a de Palocci. Tanto por motivos econômicos como políticos.

Abaixo, além de alguns fatores já citados por outros analistas, acrescentamos alguns:

1. Após a forte desvalorização cambial de 2002, havia amplo espaço para que uma valorização ao longo de 2003 ajudasse na queda da inflação. Em 2015, a taxa de câmbio encontra-se supervalorizada por US$ 100 bilhões de *swaps* cambiais, a ponto de o país estar perto de exibir déficit comercial neste ano, fato inédito desde 2000.

2. A valorização cambial ao longo de 2003 reduziu a dívida pública então fortemente indexada ao dólar. Agora, embora a desvalorização reduza parcialmente a dívida líquida, pois os *swaps* representam somente um terço das reservas internacionais, ela não afetará a dívida bruta, principal parâmetro seguido atualmente pelos mercados.

3. Em 2003, a economia encontrava-se em desemprego, contendo as pressões salariais. Hoje, diante do pleno emprego, a desvalorização cambial tende a gerar correções salariais que dificultam o combate à inflação.

4. Enquanto o superávit primário em 2002 foi de 2,7%, o resultado primário agora está negativo.
5. Em 2003, a inflação elevada – taxa anualizada de 30% no último trimestre de 2002 – contribuiu para elevar o superávit primário. Isso porque reduziu salários reais de servidores, assim como aposentadorias e pensões pagas pelo governo, num ambiente em que as receitas acompanhavam o nível de preços. A inflação atual de 7% ao ano, considerada alta do ponto de vista do cumprimento das metas, é baixa frente à necessidade de reduzir o valor real dos gastos correntes.
6. Enquanto os preços administrados estavam atualizados em 2003, hoje se encontram defasados devido aos controles adotados como instrumento de contenção da inflação.
7. A valorização das *commodities* a partir de meados de 2002 auxiliou significativamente o ajuste externo. Hoje, os preços das *commodities* estão em queda.
8. Em 2003, a tendência dos juros externos era a de se manterem baixos devido ao desaquecimento gerado pelo atentado às torres gêmeas de Nova York, em setembro de 2001. Hoje, a tendência dos juros nos EUA é de elevação.
9. Em 2003, o Brasil vinha de um período de construção de reputação de bom devedor internacional, democracia estável e instituições capazes de dar fim a uma hiperinflação. Hoje, os escândalos na Petrobras corroem a credibilidade do país.
10. Após os ajustes de 2003, a retomada do crescimento foi coadjuvada pelas reformas do crédito. O atual alto endividamento das famílias dificultará a retomada futura.
11. Em 2003, os analistas qualificados sabiam que a causa da desvalorização ocorrida no ano anterior tinha sido a fuga de capitais resultante do temor dos investidores em relação a uma possível ruptura do PT com as regras do jogo capitalista, bandeira historicamente defendida pelo partido. Mas, para o grande público, Lula não teve dificuldade em atribuí-la a uma suposta incompetência do governo FHC, alcunhando a situação de "herança maldita". A situ-

ação política agora é bem mais delicada, pois Dilma não conseguirá culpar governos passados pelo desarranjo atual, sobretudo após conquistar a reeleição afirmando que a economia estava muito bem. O único bode expiatório disponível para apresentação aos desinformados será novamente a "gravíssima crise internacional", mas com a recuperação americana e o crescimento firme de alguns de nossos vizinhos, tal argumento já perdeu grande parte de seu apelo.

12. Em 2003, diante da inflação crescente que afligia a população, havia um clamor por uma resposta imediata do governo, o que legitimava politicamente o doloroso ajuste. Em 2015, embora a necessidade de ajuste profundo seja claríssima para os analistas, o grande público sequer sabe que há uma crise, pois esta permanece abafada por US$ 380 bilhões em reservas internacionais e medidas protelatórias. Como a inflação continua em um dígito e o emprego preservado, a população ainda não sofreu as consequências da desastrosa gestão do primeiro mandato de Dilma Rousseff.

13. Em 2003, Lula sabia que para se reeleger em 2006 precisaria derrubar rapidamente a inflação, a fim de ganhar tempo para retomar o crescimento na segunda metade do mandato. Assim chegaria ao ano eleitoral com inflação baixa e crescimento acelerado, mas sem irresponsabilidades que lhe dificultariam o segundo mandato. Diante desses incentivos, a aposta racional dos investidores era acreditar na determinação de Lula em levar às últimas consequências o ajuste de Palocci. Mas Dilma não poderá disputar novo mandato. Somando-se a isso a rigidez ideológica desenvolvimentista da presidente, conclui-se que a tendência dos investidores de agora é crer numa austeridade breve, o que os leva a jogar contra. Reverter expectativas neste momento será bem mais difícil.

A longa lista acima mostra que a missão de Levy é hercúlea. Não poderia haver pessoa melhor para executá-la. Mas a presidente que o nomeou é a mesma que conduziu o país ao impasse atual. Torçamos para que ela, desta vez, ouça quem pode resolver os problemas que ela própria criou.

2015

A CRISE ESCANCARADA

Capitalismo selvagem na Petrobras

22/1/2015

O péssimo desempenho econômico e financeiro da Petrobras, os projetos aprovados sem viabilidade financeira, sua utilização como instrumento político, o envolvimento de diretores, fornecedores, políticos e funcionários no escândalo da operação Lava Jato demonstram que a empresa ignora os interesses de seu principal acionista – o povo brasileiro.

Os primeiros sinais de que havia alguma coisa errada na Petrobras surgiram ainda no primeiro mandato de Lula. A empresa, uma virtual monopolista no seu setor, passou a gastar fortunas em propaganda, como se houvesse o risco de perder fatias de mercado para algum competidor. Em seguida vieram os projetos polêmicos, como a refinaria Abreu e Lima em sociedade com a estatal venezuelana, bem como a compra de plataformas e navios a preços muito acima do mercado.

Mas foi em agosto de 2009, quando o governo Lula decidiu mudar o marco regulatório do petróleo, que as condições ideais para os desmandos recentemente divulgados foram criadas. O bem-sucedido regime de concessão então vigente deu lugar ao regime de partilha na exploração da camada do pré-sal. A nova lei do petróleo ampliou o papel da Petrobras estabelecendo uma participação mínima de 30% em cada poço explorado no pré-sal. Diante da imensa necessidade de recursos para fazer face aos vultosos investimentos envolvidos, em setembro de 2010 organizou-se aquele que Lula denominou o "maior leilão do mundo". A Petrobras recebeu uma capitalização de R$ 115 bilhões – na ocasião US$ 67 bilhões. Junto com o novo marco regulatório, ampliou-se a política industrial protecionista destinada a fortalecer a cadeia de fornecedores domésticos.

A justificativa para a modificação do marco regulatório foi que o novo modelo permitiria ao Estado brasileiro obter uma fatia dos recursos extraídos do fundo do mar maior do que obteria sob o regime anterior. Após o anúncio da intenção de mudar o marco regulatório, sobreveio uma longa paralisia no setor. Durante cinco anos, a ANP não realizou nenhum leilão, seja do pré-sal seja de outras áreas. Somente em maio de 2013 a agência voltou a promover os leilões de exploração por concessão. A duradoura espera levou algumas empresas estrangeiras que haviam se instalado no país a desistir do mercado brasileiro.

O primeiro leilão do pré-sal foi o do campo de Libra, em outubro de 2013. Ao contrário do objetivo de aumentar a renda do petróleo recebida pelo Estado brasileiro, a mudança do marco regulatório a reduziu, pois desestimulou a competição. Apenas um único consórcio – de cujo total a Petrobras representava 40% – se apresentou, ganhando o direito de exploração ao valor mínimo estabelecido pelo edital. Se um segundo consórcio tivesse participado do leilão, em caso de vitória teria automaticamente de aceitar a Petrobras – a principal participante do consórcio adversário – como sócia ao nível de 30% de participação. Não é surpreendente que somente o consórcio liderado pela Petrobras tenha comparecido.

Embora nunca se vá saber em qual valor o martelo teria sido batido caso tivessem aparecido outros consórcios, o governo Dilma considerou o fracassado leilão um grande sucesso. O contribuinte brasileiro, que já havia sido prejudicado por cinco anos de abstinência de leilões, foi claramente lesado por um leilão sem disputa. Como a Petrobras representava 40% do consórcio vencedor, seus sócios estrangeiros, detentores dos outros 60%, foram beneficiados pelas regras estabelecidas pelo novo marco do petróleo que restringiu a competição.

Mas as maiores perdas para o cidadão brasileiro vieram à tona somente com a operação Lava Jato. Por ela, descobriu-se que boa parte dos bilhões captados pelo "maior leilão do mundo" foi parar no bolso daqueles que, pelo menos em teoria, estariam defendendo o interesse nacional supostamente ameaçado pelas poderosas multinacionais do petróleo. A abundância de recursos resultante daquela inédita capitalização, num ambiente em que somente empreiteiras domésticas desempenhavam papel relevante nas grandes obras da empresa, criou condições ideais para o surgimento dos sobrepreços identificados. A corrupção na Petrobras não foi um acidente. Ela decorreu de seu gigantismo.

Do ponto de vista moral o Mensalão e o Petrolão são semelhantes, mas as implicações econômicas do segundo serão muito maiores. A compra de votos do Mensalão atingiu as instituições políticas brasileiras e a autoestima do cidadão, mas não houve investidores estrangeiros espoliados. O fato de a Securities Exchange Comission ter mostrado mais presteza, ao sair em defesa dos acionistas estrangeiros, do que nossa submissa CVM é sintoma de que o país está longe de um capitalismo moderno. Muitas grandes empresas fornecedoras da Petrobras estão entrando em crise, com desdobramentos profundos sobre seus fornecedores. A Petrobras terá grande dificuldade para captar os recursos necessários para implantar os pesados investimentos do pré-sal a que se comprometeu. Ou os investimentos serão protelados, ou o financiamento terá de recair sobre os cidadãos, seja via maiores preços dos combustíveis, seja por meio de uma capitalização à qual somente a União compareceria.

O episódio do Petrolão deveria levar a esquerda brasileira a refletir sobre o que realmente significa "ser de esquerda". Significa focar nos meios – a estatização – ou priorizar os fins – o bem-estar dos cidadãos desfavorecidos? O petróleo no subsolo é do povo brasileiro. Sua exploração deveria render o máximo possível de recursos, independentemente de qual empresa o retira das profundezas, para que o Estado possa canalizá-los para a educação pública, única política realmente capaz de transformar profundamente uma sociedade.

Retrocesso microeconômico

18/2/2015

Neste momento em que o desarranjo macroeconômico gestado ao longo do primeiro mandato de Dilma Rousseff apresenta sua pesada conta ao cidadão, é necessário retomar as discussões envolvendo os erros também cometidos na área microeconômica pelos governos petistas.

Em 2003, uma das primeiras medidas do governo Lula foi a substituição do presidente da Anatel. Assim como fizera o general Costa e Silva, em 1967, ao passar por cima da independência do Banco Central, Lula ignorou a independência da agência reguladora, trocando um microeconomista sem vinculações partidárias, com formação acadêmica em regulação e contratos e larga experiência prática, por um militante oriundo do movimento sindical do setor.

Era sinal de que o novo governo considerava as agências órgãos de governo e não de Estado. Os movimentos nas outras agências não diferiram, tendo as nomeações políticas e o apadrinhamento virado a regra. Em alguns casos, colheram-se (literalmente) desastres, como o apagão aéreo de 2006 e 2007; em outros, assistimos a uma lenta, mas clara, deterioração do funcionamento de mercados, como bem ilustra a situação atual do setor elétrico, vítima de novos equívocos, como a Medida Provisória nº 579.

As intervenções, que levaram à piora da eficiência geral da economia e do funcionamento de mercados específicos nos últimos 12 anos, repetiram políticas que já não haviam dado certo no passado. Por exemplo, a antiga Lei de Similaridade Nacional e a malfadada reserva de mercado da informática foram incapazes de gerar indústrias competitivas. A proteção excessiva desestimulou a inovação e inibiu a disseminação de pesquisa e desenvolvimento, bem como impediu a adoção de tecnologias de ponta criadas fora do país. A estratégia trouxe um grande atraso tecnológico e redução da eficiência da economia brasileira.

Repetindo os mesmos erros, os três governos do PT reintroduziram medidas protecionistas que isolaram crescentemente o Brasil das correntes de comércio internacional. O IPI diferenciado para automóveis importados por montadoras não instaladas no país – decisão tomada no âmbito da Fazenda, sem qualquer consulta ao Itamaraty – ainda trará dissabores futuros junto à OMC. As maiores tarifas de importação, bem como proteções não tarifárias por meio de requerimentos de componentes nacionais e o crescente uso de medidas *antidumping* vão na mesma direção. No primeiro caso há ainda o agravante de eliminar qualquer incentivo para a melhoria da qualidade dos produtos de fornecedores nacionais. Além disso, os índices de conteúdo nacional meramente indicam um percentual a ser cumprido, sem dirigir esforços para áreas onde o retorno em termos tecnológicos seria maior.

A implantação de políticas industriais a partir de 2003, seja via planos específicos, como o Brasil Maior, seja por meio do aumento de repasses do BNDES e demais bancos públicos, reeditou os fracassos do passado. O Plano Brasil Maior, como os anteriores, não atingiu suas metas macroeconômicas – a taxa de investimento caiu e a participação nas exportações mundiais não avançou –, tampouco as microeconômicas. Houve queda do produto industrial. A Pesquisa Industrial de Inovação Tecnológica (Pintec) mostra que, apesar de todos os incentivos diretos e políticas setoriais, não se logrou induzir empresas do setor a aumentar seus gastos em P&D nem a gerar mais inovações. Em um mundo protegido da concorrência e com crédito subsidiado, para que incorrer nesse custo? Exemplo didático de como jogar no lixo recursos escassos em um setor no qual o país dificilmente se tornará competitivo, reeditaram-se os estímulos à indústria naval, dessa vez acoplados à exploração petrolífera. Tal como no passado, o resultado foi um renascimento tão acelerado como passageiro.

No caso dos pesados subsídios do BNDES, a despeito de seu elevadíssimo custo fiscal, não há qualquer evidência confiável de que tenham tido contribuição relevante ao avanço da economia brasileira. Ao contrário, em artigo recente, Bonomo, Brito e Martins utilizam dados do Banco Central para mostrar que o impacto sobre o investimento foi nulo: os autores mostram que firmas que receberam empréstimos do banco não investiram mais que firmas similares que não receberam empréstimos. Além disso, tais empréstimos privilegiaram firmas grandes, mais antigas e com acesso a crédito privado. Ao escolher setores e empresas "campeãs" sem qualquer critério de eficiência, induziu-se uma alocação de recursos que provavelmente impactou de forma negativa a produtividade da economia brasileira.

Se é verdade que distorções microeconômicas e capitalismo de compadrio com intervenção pesada do Estado em favor de grupos específicos sempre estiveram presentes por aqui, não resta dúvida de que o ambiente de negócios no Brasil piorou de forma significativa nos últimos anos. A nomeação de Joaquim Levy foi uma rendição aos fatos e uma tentativa de reverter a deterioração do ambiente macroeconômico e reestabelecer alguma racionalidade nas contas públicas. Entretanto, para que o país volte a crescer de forma significativa, são necessárias reformas estruturais que enfrentem decididamente as distorções microeconômicas. Até agora, não há qualquer indicação de que isso vá ocorrer.

Reformulando o BNDES

18/3/2015

Neste momento em que as desastradas políticas adotadas ao longo do primeiro mandato de Dilma Rousseff cobram da nação um elevado preço, surge uma boa oportunidade para reformular profundamente a atuação do BNDES, reduzindo-se seus custos e aumentando-se sua transparência.

A justificativa econômica para a criação do banco, na década de 1950, foi a ausência de um mercado de capitais eficiente para financiar a industrialização. Planejou-se um órgão enxuto, que focaria sua atuação em casos clássicos nos quais a teoria econômica justifica a atuação direta do Estado no mercado de capitais. Diante de investimentos vantajosos para a sociedade, mas não suficientemente rentáveis para atrair o investidor privado, a teoria recomenda que o Estado estimule o investimento privado, por meio de condições especiais de financiamento não oferecidas pelo mercado. Mas essa recomendação baseia-se em duas premissas fundamentais: que o Estado tenha capacidade técnica para identificar corretamente os casos em que seu apoio se justifica; e que não seja capturado por grupos de interesses – grandes empresas, partidos políticos, sindicatos etc. – capazes de desvirtuar sua atuação.

A dificuldade de implantação da teoria decorre do fato de os benefícios gerados por subsídios ao investimento serem plenamente visíveis – por exemplo, novos empregos e diversificação da economia –, mas os custos nem sempre. Alguns desses custos são facilmente mensuráveis, como o valor do subsídio e o custo adicional decorrente de eventual inadimplência. Os custos difíceis de quantificar surgem quando as duas premissas que justificam o subsídio não são observadas, havendo decisões técnicas incorretas em relação aos setores merecedores de apoio, e/ou captura do banco estatal por grupos de interesse. Finalmente, um custo importante de difícil mensuração é a atrofia do mercado de capitais, resultante da ação de um intermediário financeiro que opera em condições inigualáveis por aqueles cuja fonte de recursos se dá a valores de mercado.

Nos últimos seis anos, o BNDES recebeu o equivalente a 9% do PIB de empréstimos do Tesouro com vencimentos a perder de vista. Às taxas Selic e TJLP atuais, o custo anual dessa política está em torno de 0,6% do PIB – o valor exato não se sabe, pois as condições dos empréstimos são misteriosas. Trata-se de metade da meta de superávit primário de 2015, um gasto semelhante ao do programa Bolsa Família. Se houver inadimplência sobre esses recursos, o custo será ainda maior.

Quais empresas receberam esses recursos? A que taxas e prazos para quitação? Que garantias ofereceram? O banco não responde de maneira satisfatória a essas questões, alegando sigilo bancário. Nesse período, a contribuição do BNDES para a atrofia do mercado de capitais pôde ser percebida indiretamente na queda das ofertas iniciais de ações na bolsa, enquanto grandes empresas recompravam suas ações ou fechavam o capital.

Para acabar com essas distorções, seria necessário reorientar a atuação do BNDES, por exemplo retirando-lhe gradualmente o papel de banco emprestador e transformando-o numa agência governamental equalizadora de taxas de financiamentos concedidos pelo mercado privado.

A atuação desse novo BNDES seria pautada pela validade das duas premissas fundamentais acima citadas. Seu competente corpo técnico, possivelmente em concerto com os ministérios da área econômica, proporia os setores merecedores de subsídio creditício, devendo publicar os estudos que justificassem as proposições. O montante global dos subsídios e os critérios para sua utilização constariam da Lei de Diretrizes Orçamentárias. Dessa forma, estaria disponível para a crítica da sociedade toda a fundamentação conceitual da alocação dos subsídios, bem como seus custos, em flagrante contraste com a escolha de vencedores que caracterizou a atuação recente do BNDES.

Dados os critérios de alocação estabelecidos, uma empresa cuja proposta de investimento neles se enquadrasse solicitaria o recebimento de subsídios. A empresa não tomaria empréstimo junto ao BNDES, mas junto ao mercado de capitais privado, o que estimularia uma fiscalização mais criteriosa da viabilidade dos projetos. O subsídio seria pago de forma diluída, acompanhando a quitação das parcelas do financiamento previstas no contrato junto ao financiador privado. Como o BNDES não concederia empréstimos, o sigilo bancário não se aplicaria. O CNPJ e os valores dos subsídios pagos a cada empresa seriam divulgados no portal do banco.

O BNDES poderia apoiar também a emissão de ações de empresas que se enquadrassem nos critérios já mencionados. Nesse caso, a cada emissão primária, o banco compraria uma parcela das ações, desde que a emissão conseguisse atrair investidores privados. Assim, resgatar-se-ia a Bndespar, cuja atuação foi inibida nos últimos anos.

As vantagens do sistema acima são a transparência na definição dos critérios para a distribuição dos subsídios; a transparência quanto aos beneficiários dos subsídios; a transparência de seus custos; o fato de que eventuais inadimplências não onerariam o contribuinte, mas apenas o financiador privado; e o estímulo ao mercado de capitais, que passaria a atuar plenamente na intermediação entre poupança e investimentos. Certamente um sistema mais democrático e aberto que o atual, em que o montante de subsídios não faz parte do orçamento do governo, os critérios de empréstimos são pouco claros e não há qualquer avaliação técnica rigorosa dos resultados da atuação do banco.

A herança ruim do desenvolvimentismo

15/4/2015

As políticas econômicas adotadas nos últimos anos foram baseadas em teorias econômicas com grandes inconsistências internas e fraca aderência aos fatos. Além da estagnação e alta inflação, deixam como legado uma série de distorções que agravaram ainda mais nosso péssimo ambiente de negócios.

Por muito tempo, as teorias sobre o desenvolvimento enfatizaram o papel dos investimentos como propulsores da economia. Uma de suas versões mais difundidas combinava uma dada taxa de poupança com uma razão fixa entre o estoque de capital da economia e o PIB, gerando mecanicamente uma determinada taxa de crescimento do produto. Essa visão antiquada e simplista infelizmente pouco difere de visões que subsistem na academia brasileira. E pior, ainda orientam recomendações de política econômica não só aqui, mas mundo afora. Em seu livro *The elusive quest for growth*, Willian Easterly calculou que se o modelo estivesse certo, a Zâmbia, em 1994, seria mais rica que os Estados Unidos, e não 40 vezes mais pobre, tendo em vista a quantidade de ajuda internacional (isto é, poupança externa) que recebeu.

A ênfase no investimento (privado ou público) como fonte de crescimento muitas vezes decorre do inadvertido uso de teorias de curto prazo para analisar questões de longo prazo. Esse é o caso do modelo keynesiano que, ao pressupor a existência de capacidade ociosa na economia, prevê que a poupança necessária para financiar o investimento desejado será gerada ao longo do processo. Como esse resultado teórico não subsiste diante de ausência de capacidade ociosa – e essa ausência constitui a essência da análise dos fenômenos de longo prazo –, o keynesianismo voluntarista deságua em inflação e desequilíbrios de balanço de pagamentos autoinfligidos.

Os modelos citados ignoram fatores do lado da oferta e minimizam o papel da educação e do ambiente de negócios. Quando se adiciona o diagnóstico de que existiriam setores industriais eternamente merecedores de proteção – seja tarifária ou de uma taxa de câmbio suficientemente desvalorizada – para que possam adotar e/ou criar as tecnologias necessárias ao crescimento, chegasse à "nova matriz econômica" e a tantas outras políticas que não deram certo aqui nem em outros países da América Latina.

Há uma óbvia incoerência ao supor que a demanda sempre gerará a oferta para atendê-la e, ao mesmo tempo, supor que a proteção à indústria estimulará o aprimoramento tecnológico – e, portanto, um determinado tipo de oferta – sem o qual não haverá crescimento. O desprezo do pensamento heterodoxo por modelagens matemáticas rigorosas faz com que essas incoerências internas não sejam identificadas, sendo seguidamente reforçadas por conveniências políticas. O mais trágico é que um pensamento claramente minoritário e marginal em âmbito mundial tenha ainda tanto impacto no Brasil e na América Latina de um modo geral, influenciando fortemente a política econômica na região.

A moderna teoria do crescimento econômico explica o crescimento da renda *per capita* de um país por três canais. O primeiro é o montante de capital físico disponível em média por trabalhador, já comentado acima; o segundo, o nível de qualificação do trabalhador típico – ou capital humano, no jargão dos economistas –; e, por fim, a eficiência geral da economia, que resulta do ambiente de negócios, do estímulo ao aprimoramento tecnológico, da atuação do Estado como facilitador da produção etc. – ou produtividade total dos fatores.

Os dados brasileiros indicam que a maior parte do atraso do país não se deve à insuficiência de capital físico, mas sim ao secular atraso educacional – refletido em poucos anos de estudo e escolas de má qualidade –, bem como à baixíssima eficiência geral da economia.

Assim, as políticas de crescimento de que o país precisa estão muito longe daquelas adotadas nos últimos anos e defendidas – ainda hoje, mesmo depois dos seguidos fracassos – por economistas desenvolvimentistas. A baixa eficiência está associada a fatores institucionais, como barreiras ao comércio internacional que isolam o país de cadeias produtivas globais, encarecendo insumos industriais e dificultando a adoção de novas tecnologias; carga tributária elevada e complexa; mau funcionamento dos setores regulados devido ao aparelhamento das agências reguladoras; excessiva burocracia; intervenções discricionárias do Estado nos mercados e preços; lentidão da Justiça; legislação trabalhista e sindical arcaicas etc. Esses fatores fazem com que o ambiente de negócios brasileiro seja muito ruim e desestimulam firmas a adotar melhores práticas de negócios e modernas tecnologias.

O problema não está só no erro de diagnóstico, ou nas políticas equivocadas adotadas nos últimos anos devido a esse erro, mas também no fato de que essas políticas agravaram as já enormes distorções da economia brasileira, além de introduzir novos problemas, como a desorganização dos setores de energia e petróleo. Além disto, a insistência no diagnóstico de insuficiência de demanda, apesar do ambiente de pleno emprego, levou à explosão dos gastos públicos, provocando elevação da inflação e alta do déficit em conta-corrente.

A inevitável reversão de rota, neste momento de fragilidade política da presidente e de seu partido, permite prever que o ajuste fiscal em curso será implantado via elevação da carga tributária e não redução do peso do Estado, desconsiderando seu impacto sobre a eficiência geral da economia. Dessa forma, mesmo que o ajuste seja bem-sucedido, a herança perversa das políticas desenvolvimentistas impedirá qualquer crescimento mais significativo no curto e talvez no médio prazo.

Devolvendo os ganhos de renda

20/5/2015

Neste momento em que o segundo governo Dilma reverte as políticas equivocadas e eleitoreiras adotadas no primeiro mandato, a sociedade começa a perceber que muito dos ganhos de renda observados na gestão petista deveu-se a uma feliz combinação de conjuntura externa favorável e mudanças demográficas que estão se esgotando.

Desde a chegada do PT ao governo em janeiro de 2003, o único setor da economia que apresentou contínuo aumento de produtividade foi o agropecuário: 5% ao ano. Mas esse setor emprega apenas 16% dos trabalhadores. A indústria, onde estão 20% dos trabalhadores, apresentou estagnação de produtividade. Os serviços, que empregam os demais trabalhadores, apresentaram crescimento de produtividade pífio de 1% ao ano.

Nesse período, surpreendentemente, o crescimento da remuneração média do trabalho na economia brasileira foi de cerca de 4% ao ano e o do salário mínimo de 4,9%, ambos muito acima da evolução anual da produtividade média do trabalho de 1,5%.

Como foi possível compatibilizar acelerado crescimento do salário real e redução da taxa de desemprego, num contexto de evolução medíocre da produtividade? Em primeiro lugar estão os fatores externos, como a melhoria dos termos de troca a partir de 2003, que atingiu seu pico em outubro de 2011. Embora a quantidade de bens que cada trabalhador produz tenha crescido pouco, o valor unitário desse bem aumentou, graças a uma conjuntura internacional favorável ao país.

Os novos termos de troca, ao elevar o valor das exportações brasileiras, desencadearam uma contínua valorização cambial que barateou os produtos industriais importados, bem como forçou a redução da margem de ganho dos produtores domésticos, o que aumentou o poder de compra dos salários nacionais. As baixas taxas de juros internacionais e a percepção de que o Brasil havia se tornado uma democracia capitalista estável com a chegada de uma esquerda responsável ao poder em 2003 também contribuíram para a atração dos investimentos externos no período, reforçando ainda mais a valorização cambial.

Em segundo lugar, o bônus demográfico reduziu, no âmbito familiar, a razão entre aqueles que usufruem da renda gerada e os que participam de sua geração, contribuindo para a elevação da renda *per capita* familiar. Cada membro da família que passou a trabalhar continuou a produzir tão pouco quanto os que já trabalhavam antes, mas houve aumento do número de membros da família que trabalham. A taxa de desemprego caiu muito devido à menor quantidade de jovens que chegaram ao mercado de trabalho, favorecendo a elevação dos salários.

Outro fator que contribuiu para a sensação de ganho de renda foi a expansão do crédito. Tendo partido de um patamar muito baixo, a alienação fiduciária de imóveis e o empréstimo consignado em folha permitiram a uma larga parcela da população o acesso a bens de consumo duráveis. Embora não tenha havido aumento da produção individual no presente, viabilizou-se a antecipação de uma renda a ser gerada no futuro.

A contínua elevação dos salários reais dos últimos anos, num ambiente de baixo crescimento da produtividade do trabalho, só foi possível devido à facilidade de absorção de poupança externa. O balanço em transações correntes apresentou superávit em todos os anos do primeiro mandato de Lula, e só se tornou deficitário a partir de 2008, tendo alcançado a marca insustentável de 4,5% do PIB no ano eleitoral de 2014.

Os fenômenos externos acima começaram a ser lentamente revertidos a partir de 2012. Curiosamente, foi nesse ano que a aventura heterodoxa da nova matriz econômica atingiu seu zênite, com a MP nº 579, a mais baixa taxa Selic (7,25% ao ano) da história, as pesadas transferências do Tesouro para os bancos públicos e as cenas de contabilidade criativa explícitas. A partir de 2013, a realidade começou a se impor com o anúncio, em abril, pela Standard & Poors, de que o país teria sua nota de investimento reduzida. Depois vieram as manifestações de junho. Em agosto, o Banco Central passou a vender massivamente *swaps* cambiais, enquanto os preços administrados cresciam abaixo da inflação, numa tentativa de aplacar artificialmente a pressão inflacionária.

A queda generalizada do preço das *commodities* exportadas pelo país é uma nova realidade. Diante dos novos preços do petróleo, o pré-sal revela-se mais uma miragem que o milagre anunciado pela propaganda oficial. A sucessão de ajustes – taxa de câmbio mais desvalorizada, correção de preços administrados, recomposição de tributos sobre a folha salarial, restrição aos financiamentos imobiliários etc. – que estão sendo implantados agora atuam todos na direção da elevação da inflação no curto prazo e redução do salário real. Para impedir que o surto inflacionário decorrente do tardio realismo seja realimentado por correções nominais de salários, a taxa Selic já beira os 13% ao ano, o que deve levar a um maior desemprego. Além disso, devido ao lento crescimento do produto, os reajustes do salário mínimo nos próximos anos serão modestos, mal repondo a inflação passada. Finalmente, os aumentos recentes dos benefícios do Bolsa Família não têm reposto as perdas inflacionárias.

Acabou a mágica populista e tem-se à frente uma dura realidade de ajuste econômico e perda real de renda. Somente uma sustentável trajetória de melhoria de produtividade poderia viabilizar a retomada do crescimento real dos salários. Isso exigiria o enfrentamento de gargalos microeconômicos históricos, mas a presidente Dilma Rousseff não dispõe nem da convicção de ser esse o caminho, nem da liderança política para implantar essa agenda.

Sem motivos para otimismo

17/6/2015

O Brasil encontra-se em uma situação econômica bastante delicada. A inflação prevista para este ano está em torno de 9%, e o produto deve cair mais de 1%. Em abril, a produção industrial ficou 7,5% abaixo de seu valor no mesmo mês de 2014. O emprego reduz-se rapidamente e a produtividade permanece estagnada ou mesmo em declínio. O ajuste fiscal em curso poderá impedir o afundamento do barco, mas nada indica que o rumo posterior será o do crescimento.

Surpreendentemente, alguns analistas encaram a situação atual com certo otimismo. Os péssimos números acima constituiriam apenas o preço a pagar para corrigir os graves problemas e distorções criados pela fracassada "nova matriz econômica". A alta inflação decorreria de uma mera correção de preços relativos, causada pela revisão de preços administrados artificialmente controlados durante o ano eleitoral, não havendo risco de se perpetuar. A recessão seria passageira, um remédio amargo necessário para inibir repasses de custos em reação aos novos preços administrados. O ajuste fiscal em curso recolocaria o país nos trilhos, sendo suficiente para assegurar uma sólida e consistente recuperação.

Infelizmente, não há motivos para otimismo no curto, nem no médio, e muito menos no longo prazo. Somente com reformas muito mais amplas e profundas do que as que estão sendo anunciadas e (parcialmente) implantadas pelo governo seria possível vislumbrar uma retomada da economia ainda no atual mandato presidencial. A resistência de grupos organizados a qualquer mudança que afete seus interesses, bem como as contradições internas de um governo politicamente fraco, impede a adoção de reformas capazes de recolocar o país numa trajetória de crescimento sustentável. Reformas estruturais exigiriam visão e liderança, algo de que o atual governo carece.

Começando pelo curto prazo, não há dúvida de que o ajuste fiscal é necessário, pois os resultados de 2014 – déficit primário de 0,6% do PIB e nominal de 6,7% – eram insustentáveis. Se mantidos, esses números levariam ao crescimento explosivo da dívida pública, dívida que deverá alcançar 65% do PIB neste ano, 10 pontos percentuais acima do observado em janeiro de 2010. As despesas do governo central aumentaram cerca de dois pontos percentuais do PIB desde 2010, ou algo em torno de 10% em relação ao já elevado patamar daquele ano. As tentativas de conter gastos até agora foram tímidas e parcialmente malsucedidas, encontrando pouco apoio dentro da própria coligação governamental. Grande parte do corte constitui adiamento de despesas. Em termos reais os gastos públicos provavelmente continuarão se expandindo neste e nos próximos anos.

Tudo indica que o maior ajuste se dará via aumento de impostos. Dado que a carga tributária brasileira já alcançou nível bastante alto – 36% do PIB –, uma elevação adicional impõe novo entrave aos negócios e ao bem-estar dos cidadãos, com impacto adverso sobre o crescimento. A estrutura tributária brasileira, que já é excessivamente complexa e distorcida, diante do atual clima de urgência que torna bem-vindo "qualquer tipo de ajuste", tende a se tornar ainda mais casuísta, e nossa colcha de retalhos tributária ficará ainda mais retalhada.

Não se descarta a reintrodução da CPMF, um imposto muito ruim e extremamente distorcido, mas que atrai nossos gestores públicos pela sua facilidade de arrecadação. Assim, o melhor cenário de médio prazo consistiria em uma economia com superávit primário suficiente para manter estabilizada a razão dívida/PIB, mas obtido mediante uma carga tributária maior e pior. Mais impostos e mais distorções implicam menos investimentos, pior alocação de recursos e baixo crescimento. Não há motivo para qualquer otimismo, mesmo no longo prazo: se o ajuste der certo, o país permanecerá estagnado.

Como já reiterado várias vezes neste espaço, a baixa renda *per capita* brasileira resulta de uma infeliz combinação de baixo nível educacional com alta ineficiência generalizada na alocação dos recursos empregados na produção. Muitas das reformas necessárias para o desenvolvimento foram interrompidas e mesmo revertidas a partir de 2008. O ambiente econômico está pior do que estava naquele momento. E não há sinal de melhoria: continuam as mesmas as políticas de conteúdo nacional, a enorme burocracia, o uso político dos bancos públicos e empresas estatais, a interferência política nas agências regulatórias, a má regulação e intervenção atrapalhada nos setores de petróleo e de energia elétrica, as enormes barreiras comerciais, e o Banco Central ainda padece da mesma vulnerabilidade política, para citar apenas algumas das mazelas que afetam a produtividade no país e afligem aqueles que se aventuram a empreender.

Agravando o quadro, mesmo que muitas dessas reformas sejam levadas a cabo, o efeito final de longo prazo será limitado pela péssima qualidade da educação, um campo em que pouco se avançou nos últimos 10 a 20 anos.

O Brasil flerta perigosamente com a mediocridade, e seus políticos, analistas e economistas parecem conformados com isso. Uma vez mais, o país escolhe a direção em que há menor resistência política no curto prazo, aceitando como imutáveis os interesses particulares que perpetuam um equilíbrio microeconômico de baixo crescimento. Talvez esteja na hora de pensar fora dessa caixa, propondo alternativas, rupturas e soluções um pouco mais radicais, dado que o atual contrato social não está funcionando. O ajuste em curso poderá levar em alguns anos a inflação à meta, mas sem reformas mais profundas a renda *per capita* pouco crescerá.

A desagradável aritmética da dívida

15/7/2015

Ao assumir a Fazenda, o ministro Levy, além de descartar as pirotecnias contábeis de seu antecessor, substituindo-as pela saudável transparência, definiu metas de superávit primário (sem alquimias) de 1,2% e 2,0% do PIB para 2015 e 2016. Uma análise das condições necessárias para se chegar a metas tão modestas mostra, entretanto, que o superávit primário necessário para estabilizar a razão dívida/PIB e garantir solvência de longo prazo de nossas contas públicas precisará ser mais alto e próximo de 3% do PIB.

O cálculo do superávit primário requerido para estabilizar a razão dívida/PIB do Estado brasileiro – governos federal, estaduais, municipais e Banco Central – leva em conta a diferença entre a taxa de juros real incidente sobre a dívida (numerador) e a taxa de crescimento real do PIB (denominador). Como o Estado possui créditos a receber – sobretudo dos bancos estatais –, bem como reservas internacionais, a dívida relevante para o cálculo deveria ser a dívida líquida, correspondente à diferença entre o volume de títulos públicos emitidos (dívida bruta) e a soma dos créditos com as reservas internacionais. Em maio, a dívida bruta estava em 62,5% do PIB, e a líquida, em 33,6%. A diferença é composta por reservas internacionais de 20,2% do PIB e créditos – notadamente contra o BNDES – de 8,7%.

A taxa juros incidente sobre os títulos públicos varia em função do tipo de título – pré ou pós-fixado – e do prazo de maturação. Os títulos prefixados e os indexados à taxa Selic estão custando 4,5% acima do IPCA, ao passo que os títulos de médio prazo indexados àquele índice, em torno de 6,5%. O crescimento do PIB neste ano será negativo, e a perspectiva para os dois próximos anos é medíocre. Se as condições adversas atuais de juros altos e crescimento baixo se mantiverem inalteradas, a evolução da dívida será explosiva.

Mas sob a hipótese otimista de que Levy consiga apoio para levar a cabo os ajustes, pode-se considerar um ambiente em que o crescimento do PIB venha a se estabilizar em torno de 2,5% ao ano, bem como a taxa real de juros média incidente sobre os títulos públicos caia para 4,5% ao ano. Esses são números compatíveis com um país que não reúne consenso político para adotar reformas microeconômicas estruturais, mas consegue manter uma razoável responsabilidade macroeconômica, política abandonada durante a vigência da nova matriz econômica. Sob essas hipóteses favoráveis, se as reservas e os créditos rendessem a mesma taxa de juros paga pelo Tesouro, a necessidade de superávit primário seria de apenas 0,7% (= 2% × 33,6%) do PIB, que é o produto da diferença entre a taxa de juros e a de crescimento (2%) multiplicada pela dívida líquida como proporção do PIB, 33,6%.

Ocorre que as reservas internacionais e créditos do governo rendem muito menos do que o Tesouro paga sobre sua dívida. Nos 12 meses completados em maio, a despesa com juros alcançou 7,9% do PIB, o que significa uma taxa implícita de juros sobre a dívida líquida de 21,5% (= 7,9% ÷ 33,6%) ao ano, valor muito superior à taxa Selic de 13,75% atual. Admitindo-se que, após o desmonte das operações de *swap*, a desvalorização nominal da taxa de câmbio acompanhe a diferença entre inflação interna e externa, e que a taxa real de juros internacional atualmente negativa torne-se nula, pode-se vislumbrar, no melhor dos casos, uma taxa de aplicação das reservas igual à variação do IPCA.

No caso dos demais créditos, a taxa paga pelo BNDES ao Tesouro é a TJLP, hoje em apenas 5,5% ao ano, ou 3,5% abaixo da inflação. Admitindo-se que Levy consiga convencer seus colegas a elevar substancialmente a TJLP – hipótese otimista, pois não se pode esquecer que, entre os cinco principais cargos econômicos do país (Presidência, Fazenda, Planejamento, BC e BNDES), somente a Fazenda teve mudança de comando em relação ao primeiro mandato de Dilma –, igualando-a à variação do IPCA, então o rendimento real recebido pelo Tesouro sobre os créditos e as reservas deixaria de ser negativo tornando-se nulo.

Nas hipóteses algo heroicas acima, a diferença entre a taxa real de juros paga pelos títulos do Tesouro e a taxa recebida sobre seus créditos e reservas internacionais seria 4,5%. Assim, o custo das reservas e empréstimos aos bancos oficiais ficaria em 1,3% (= 28,9% × 4,5%) do PIB. Esse é o valor a ser somado aos 0,7% do PIB de superávit primário calculado anteriormente, perfazendo-se 2% do PIB. Trata-se da meta fixada para 2016. Pode-se perceber quão otimistas foram as premissas adotadas na definição da meta oficial. Pior, a meta de 1,2% do PIB para 2015 não será alcançada, e a dificuldade encontrada pelo governo em aprovar os cortes no Congresso indicam que a meta de 2016 também não o será. Além disso, o desempenho do PIB tem-se mostrado muito abaixo dos números utilizados no cálculo otimista acima.

Refazendo-se o exercício de futurologia com premissas mais realistas, basta uma elevação de 0,5% ao ano da taxa de juros real e igual redução da taxa de crescimento do PIB, para se chegar a um superávit primário requerido de 2,5% do PIB. Com mais realismo ainda, chega-se a 3% do PIB ou mais. Conclui-se que a conta deixada pela nova matriz econômica é muito maior do que a tentativa recente de justificar as pedaladas de 2014, empreendida pelo ministro do Planejamento, parece disposta a reconhecer.

Foi a nova matriz

19/8/2015

O debate recente entre os analistas tem sustentado que a desastrada política econômica adotada após a crise do *subprime* de 2008 – alcunhada de nova matriz econômica (NME) – não seria a única responsável pela crise atual, pois esta já vinha sendo gestada pela contínua elevação dos gastos públicos desde início da década de 1990. Embora a NME não seja a única fonte dos problemas recentes, ela aprofundou os problemas estruturais, tendo conduzido o país à estagnação atual.

Antes de chegar ao poder, o PT apresentava–se como um partido de esquerda tradicional. Opunha-se à privatização, repudiava o conceito de restrição orçamentária e tinha posições dúbias em relação à propriedade privada – em particular quanto ao pagamento da dívida pública. Em 2002, à medida que Lula aproximava-se da vitória eleitoral, as posições históricas do partido desencadearam uma fuga de capitais inédita, provocando uma gigantesca desvalorização cambial, que, por sua vez, levou à disparada da inflação. Entre os dois turnos da eleição, a inflação anualizada atingiu 40%. Atribuindo ao governo em final de mandato a responsabilidade pelo descontrole inflacionário, Lula beneficiou-se eleitoralmente da confusão por ele próprio gerada.

No poder, Lula surpreendeu a muitos mantendo a mesma política econômica de FHC. Aprovou medidas modernizantes antes execradas por seu partido, como a reforma da aposentadoria dos servidores, a nova lei de falências e as reformas do sistema de crédito que, ao ampliarem o direito de propriedade dos credores, deram a milhões de trabalhadores acesso a financiamentos a custo palatável.

Em seus primeiros anos, o PT de Lula se vestiu de partido social-democrata, ao entender ou pelo menos ter agido como se tivesse entendido que somente o capitalismo consegue gerar riquezas que, quando parcialmente tributadas, permitem ao Estado custear programas sociais voltados aos desfavorecidos. A manutenção daquela política levou os mercados a avaliarem que a esquerda no Brasil havia superado um tabu histórico. O Brasil teria se transformado numa democracia madura ao estilo europeu, o que lhe valeu o grau de investimento.

Após a eclosão da crise do *subprime*, entretanto, o PT afastou-se da social-democracia, voltando a atuar como partido de esquerda tradicional. A ampliação do intervencionismo estatal se fez presente em diversas áreas:

1. novo marco do petróleo com ampliação do papel da Petrobras;
2. enfraquecimento das agências reguladoras;
3. intervenção na política de metas para a inflação, levando o Banco Central a perder o controle das expectativas inflacionárias;
4. imposição de taxas de retorno irrealistas nos leilões de concessões, mas com o BNDES cobrindo a diferença com subsídios, o que significa devolver ao contribuinte a conta não paga nas tarifas;
5. manipulação cambial, primeiro tentando impedir a valorização, depois tentando impedir a desvalorização com os *swaps* que agora se mostraram caríssimos;
6. isenções tributárias a esmo em função da capacidade de pressão dos grupos de interesse organizados;
7. aportes gigantescos ao BNDES para dar subsídios sem qualquer critério transparente ou avaliação de resultados;
8. intervenção atabalhoada no setor elétrico;
9. controle de preços de combustíveis e energia elétrica para segurar artificialmente uma inflação de demanda;
10. ampliação do protecionismo, com políticas de conteúdo nacional;
11. finalmente, a mais grave de todas as barbaridades, a sabotagem da Lei de Responsabilidade Fiscal com a adoção da contabilidade criativa.

A NME forneceu o (capenga) arcabouço ideológico para muitos dos equívocos listados acima. Tentou-se reproduzir o bem-sucedido modelo de crescimento asiático sem que as condições necessárias a seu sucesso – alta poupança doméstica, gasto público focado na educação de qualidade, equilíbrio fiscal e economia aberta – se apresentassem por aqui. Somente o dirigismo estatal foi copiado, reproduzindo nossa malsucedida política de desenvolvimento dos anos 1970 e 80.

O resultado foi a total perda de credibilidade do governo. Para dar continuidade aos programas sociais essas medidas não eram necessárias; foi um misto de ideologia, incompetência e ambição política, isto é, uma escolha equivocada que poderia ter sido evitada, e não um resultado natural do processo democrático. A tentativa de ajuste fiscal de longo prazo em 2005, por Palocci e sua equipe, foi derrubada pela então ministra Dilma Rousseff e apontada por Nelson Barbosa e José Antônio de Souza, em *paper* publicado em 2010, como mostrou Rogério Werneck em artigo recente, como a derrota do neoliberalismo e o marco inicial da "opção desenvolvimentista". Deu no que deu.

Se a NME não tivesse sido adotada, diante de uma tendência já histórica de aumento de gastos sociais, o país teria chegado a 2014 provavelmente apresentando um crescimento baixo – mas não negativo – porém com inflação na meta, déficit em conta-corrente financiável e razão dívida bruta/PIB próxima da razão líquida (40%).

O crescimento pífio estaria hoje suscitando um debate franco quanto às opções políticas a serem adotadas. Deveria o país aumentar a poupança doméstica via reforma da previdência? Ou resignar-se ao baixo crescimento decorrente de crescente elevação da carga tributária, mantendo os privilégios e programas sociais intocados? A NME, com seu incompetente voluntarismo, desorganizou a economia, minou a credibilidade do governo e gerou um enorme conflito entre os poderes que paralisa a economia. O país vai perder quatro anos até 2018. Tudo isso poderia ter sido evitado.

A miopia do pacote

16/9/2015

No início desta semana, o governo anunciou um pacote de medidas que se concentram no aumento de impostos, como a reintrodução da CPMF, e adiamento de despesas, como a postergação do reajuste dos servidores. De efetiva redução de gastos, há muito pouco. Prevalece a visão contábil de fechar o buraco das contas públicas no curto prazo, ignorando os impactos econômicos de longo prazo das medidas propostas.

No dia seguinte ao rebaixamento da dívida brasileira à categoria de lixo pela S&P, a presidente Dilma concedeu, a este jornal, uma entrevista em que defendeu o aumento de receitas. O pacote desta semana reafirma isso. A presidente declarou que os cortes de gastos recentemente implantados já teriam atingido o máximo factível. Afirmou que o ajuste fiscal não poderia ser mais profundo, devido à queda da arrecadação e ao fato de 90,5% das despesas primárias federais serem obrigatórias. Confirmou que a meta de superávit primário para 2016 permanece em 0,7% do PIB, mas para alcançar esse objetivo preconizou o aumento das receitas, ressalvando que, "se o Congresso não aprovar as medidas, vai ficar com 0,5% do PIB de déficit". Quando questionada a respeito de uma reforma da previdência, ela alegou que o assunto estava em debate num fórum...

Felizmente o Congresso parece convencido de que novos impostos, ainda que temporários, só se justificariam caso precedidos por mudanças constitucionais que colocassem os gastos públicos em uma trajetória sustentável. Estaria o Congresso errado em resistir à elevação de impostos? Deveria a sociedade aceitar conformada, como se fossem inevitáveis, os aumentos propostos no pacote?

Entre 1991 e 2014, a despesa primária da União – excluídas as transferências para estados e municípios – aumentou nove pontos percentuais do PIB. Somente com gastos sociais, o crescimento foi de 0,3 ponto percentual do PIB ao ano, ao longo de 23 anos! No período, a carga tributária do país subiu de 25% PIB para 35%.

Muito da melhoria na distribuição de renda decorrente da elevação de gastos só se viabilizou devido à elevação simultânea das receitas, mas há sinais de que o modelo se esgotou. Essa política, que foi seguida por tucanos e petistas, manteve um razoável resultado orçamentário até 2008, quando a nova matriz econômica adotou medidas que levaram ao desequilíbrio atual.

Para reverter o crescimento explosivo da relação dívida bruta/PIB, o superávit primário precisará voltar a 3% do PIB por alguns anos. Aritmeticamente, isso poderia ser alcançado tanto por corte de despesas quanto por aumento de receitas. Mas a reação da sociedade diante dos balões de ensaio envolvendo a volta da CPMF e a elevação do imposto sobre heranças, para citar somente alguns exemplos, mostrou que a ampliação da receita encontrou seu limite. Ao propor mais do mesmo, o pacote aposta na conta de chegada, não importando o custo futuro.

Em seu formato atual, as despesas legalmente definidas são irredutíveis, mas pode-se ajustar o ritmo de seu crescimento no longo prazo. Isso exigiria uma negociação política que resultasse em uma ousada reforma constitucional. Se, por um lado, as decisões a serem tomadas são politicamente desgastantes, por outro lado as regras em vigor são tão obviamente insustentáveis, e sem equivalentes em outros países, que seria possível explicá-las à população.

Com efeito, aposentadorias precoces, pensões pagas a viúvas jovens, universidade gratuita para quem poderia pagar, concessão de benefício assistencial a quem nunca contribuiu para o INSS pago em valor idêntico ao recebido por quem contribuiu sobre um salário mínimo, são exemplos de típicas jabuticabas.

As mudanças constitucionais necessárias sequer precisariam gerar economias imediatamente. A idade mínima para a aposentadoria aos 65 anos, por exemplo, poderia ser fixada para 2027, caindo para 64 em 2026, para 63 em 2025, e assim por diante. A reversão de expectativas embutidas nas novas regras seria imediata. Investimentos hoje considerados inviáveis, à luz da perspectiva de contínuo aumento da carga tributária requerida para sustentar os gastos estabelecidos pelas regras em vigor, tornar-se-iam viáveis. Além disso, há outras despesas e uma série de subsídios à atividade econômica, muitos altamente regressivos, não tocados pelo pacote.

Diante da atual carga tributária, investir e gerar empregos no Brasil se tornou um mau negócio. O governo continua ignorando isso, mas o Congresso e a sociedade parecem ter entendido que aceitar novos aumentos de impostos, sem que antes se modifiquem as regras que mantêm os gastos em trajetória explosiva, seria altamente danoso à atividade econômica, e apenas daria ao PT uma confortável travessia até 2018.

Democracias jovens só conseguem reunir consenso político para implantar reformas, que geram desconforto no curto prazo em prol de benefícios no longo, quando se encontram à beira do abismo. Se reconhecesse os erros crassos de política econômica cometidos durante seu primeiro mandato, pedisse desculpas à oposição pela campanha desleal e difamatória de 2014 e assumisse o ônus político de enviar ao Congresso propostas de mudança constitucional como as sugeridas acima, Dilma poderia transformar seu segundo mandato num construtivo período de transição, como se revelou o mandato-tampão de Itamar Franco. Infelizmente, ela parecer ter outros planos.

Sabotando o ajuste

23/10/2015

Neste momento em que o país atola na sua maior crise econômica desde 2002, o PT, economistas de esquerda e mesmo o presidente Lula contribuem para agravá-la, ao defenderem a saída do ministro Levy e uma política econômica em que o ajuste se daria, quase por milagre, por mais gastos e pela repetição dos erros do passado.

Logo após a apertada vitória eleitoral de outubro de 2014, o governo Dilma se viu encurralado. O resultado da desastrada política hiperintervencionista do primeiro mandato cobrava um alto custo. A inflação, apesar do congelamento dos preços administrados, já beirava o teto da meta. Os déficits em conta-corrente e primário se elevavam continuamente. A conta do setor elétrico crescia exponencialmente, na mesma velocidade da queda do caixa da Petrobras. E a desconfiança dos mercados em relação ao governo apontava para fuga de capitais, recessão e perda do grau de investimento. O marqueteiro da campanha oficial havia logrado esconder a crise dos eleitores desinformados, mas não do mercado. Este já exigira, desde agosto de 2013, o confortável seguro cambial de US$ 100 bilhões em *swaps* – que custaram 2% do PIB, após a desvalorização cambial –, bem como a elevação (ainda que tímida) da taxa de juros.

Somente dentro desse contexto é possível entender o convite a Joaquim Levy, um economista com ampla experiência, tanto de governo como em organizações internacionais e no setor privado, mas com formação econômica diametralmente oposta à da presidente e seus conselheiros. Ao atrair um nome de fora de seu círculo de apoio mais próximo e com grande respeito junto àqueles que mais desconfiavam de suas intenções, o governo almejava ganhar alguma credibilidade. A missão de Levy era convencer as agências internacionais de avaliação de risco de crédito a manter o grau de investimento do país. Deveria fazê-lo sem ajuste, ou somente com aqueles indolores. Tratava-se de uma missão impossível. Faltou combinar com as agências.

O tempo logo se encarregou de confirmar que tanto a presidente quanto seu círculo mais próximo de conselheiros não acreditavam na necessidade de uma mudança de rumo. Mesmo após a indicação de Levy em dezembro, um último empréstimo ao BNDES de R$ 30 bilhões foi autorizado, antes da posse do novo ministro. Ao longo dos quatro anos anteriores, o governo Dilma dera seguidas mostras de que não estava na sua natureza a implantação de um ajuste fiscal.

A própria presidente, quando chefiara a Casa Civil anos antes, havia repudiado o conceito de orçamento equilibrado, desqualificando-o como uma ideia "rudimentar". Afinal, para economistas de sua formação, o maior gasto público estimularia o crescimento do produto, o que provocaria elevação da arrecadação tributária, o que permitiria financiar o próprio aumento do gasto, num moto contínuo inesgotável! Essa falta de convicção pode ser observada não só no entusiasmo desenvolvimentista da nova matriz econômica, mas na própria campanha eleitoral de 2014 e em tudo que os ministros e assessores mais próximos e influentes da presidente escreveram e declararam ao longo de suas vidas profissionais.

Ocorre que a gravidade do descalabro fiscal escamoteado pelas pedaladas revelou-se muito maior do que todos imaginavam. O país já se encontrava em recessão desde meados do ano eleitoral, com queda da atividade econômica e do investimento, o que provocava redução da receita tributária. Assim, o ajuste se mostrou muito mais difícil que o esperado, o pouco apoio a ele que havia dentro do governo foi sendo roído e as ideias de Levy passaram a ser ainda mais bombardeadas.

Contra a opinião do ministro, chegou-se a encaminhar ao Congresso uma meta deficitária para o resultado primário de 2016. Após a perda do grau de investimento pela S&P, alguns setores menos ideológicos do governo sinalizaram, por um breve período, algum apoio às medidas propostas pelo ministro. Ainda assim, as previsões de inflação para 2016 têm aumentado continuamente, enquanto as de evolução do PIB despencam, mostrando que a falta de confiança no ajuste continua disseminada na sociedade.

Em documento recente, a ala mais à esquerda do PT atacou veementemente o ajuste fiscal, tendo atraído Lula para essa causa suicida. Enquanto isso, a pressão inflacionária, desencadeada pela correção de preços administrados e pela imensa desvalorização cambial, só tem a contê-la a recessão que impede os salários de acompanhar a inflação. O pessimismo quanto à evolução dos superávits primários futuros já impõe o encurtamento do prazo médio de vencimento da dívida pública.

O PT e os supostos intelectuais de esquerda, ao sabotarem o ajuste fiscal, apostam numa saída miraculosa inexistente. Para esses, tudo é uma questão de vontade política – "é só baixar o juros", "basta o governo investir" – e ignoram ou fingem ignorar que as políticas que propõem foram implantadas no passado recente e fracassaram espetacularmente. Já o ex-presidente Lula, notoriamente um pragmático, pode estar simplesmente agindo politicamente e arquitetando uma saída que lhe seja mais conveniente, mas para efeitos práticos está jogando mais lenha na fogueira, aumentando a incerteza quanto ao futuro e contribuindo para inviabilizar ainda mais a recuperação econômica do país.

Levy por Meirelles?

18/11/2015

Após a desastrada gestão de Dilma I, o país encontra-se duplamente desajustado em termos econômicos. Mas em vez de se encarar a situação com realismo, há sinais de que se vai apostar numa saída miraculosa fadada ao fracasso. É a repetição da substituição de Simonsen por Delfim em 1979.

O primeiro desajuste, de caráter estrutural, é o fiscal. O governo Dilma I aumentou vertiginosamente gastos e concedeu generosas desonerações setoriais, transformando um superávit primário de 3% do PIB em um déficit de 1% a 2%, dependendo de como se reconhecem as pedaladas. Para corrigir tamanha desordem, seria preciso grandes cortes de despesas e aumentos de receitas. Mas, por imposição legal, somente 10% do orçamento são passíveis de cortes discricionários de gastos, e não há disposição e liderança para implantá-los; e os aumentos de receitas esbarram na resistência da sociedade a pagar mais impostos, diante já enorme carga fiscal do país.

O segundo desajuste, de caráter temporário, é o de preços relativos. Após as eleições de 2014, o represamento dos preços de combustíveis, da energia elétrica e da taxa de câmbio teve de dar lugar ao realismo tarifário e cambial. Para impedir que a enorme pressão inflacionária, decorrente da abrupta elevação desses preços, contamine os preços livremente determinados em mercado, é preciso manter a economia temporariamente desaquecida. O desemprego provoca a queda de salário real necessária para reequilibrar uma economia em que, durante os anos dourados do *boom* de *commodities*, os salários subiram acima da produtividade do trabalho. Doloroso, mas aritmeticamente inevitável.

A correção dos males gestados durante Dilma I exigiria, portanto, algum desaquecimento, durante o qual seriam corrigidos os preços relativos, seguido de reformas estruturais destinadas a se recuperar permanentemente o superávit primário. A retomada do crescimento só se tornará viável quando o governo conseguir convencer a sociedade de que a trajetória da dívida pública não é explosiva. Isso exigiria corajosas reformas que não dependem de Levy, pois são decisões eminentemente políticas.

Mas a recessão e a pressão inflacionária, agravada pelo avanço da operação Lava Jato, derrubaram a popularidade presidencial. A persistir no ritmo atual, o PT será dizimado nas eleições municipais do próximo ano, o que reduzirá sua capacidade de eleger uma bancada federal minimamente significativa em 2018, sem falar na presidência. Para salvar o partido, Lula articula a substituição de Levy por Meirelles. Anuncia que o país voltará a crescer com a simples troca de comando na economia...

Em 1979 o Brasil passou por uma experiência análoga à atual, pois chegara ao fim de um ciclo de crescimento. Não tendo se ajustado à primeira crise do petróleo de 1973, o país acumulara uma alta dívida externa, tendo sido surpreendido por uma segunda crise do petróleo em 1979. A acelerada elevação dos juros internacionais tornava o ajuste inadiável. Diante da ampla indexação existente à época – a lei determinava a plena correção monetária anual dos salários –, se a necessária desvalorização cambial fosse adotada num ambiente de pleno emprego, a inflação dispararia. Era preciso primeiro desaquecer a economia para depois desvalorizar a taxa de câmbio. Em abril de 1979, o então ministro Simonsen adotou um plano de contenção de gastos e limitação do crédito destinado a desaquecer a economia.

Mas o país preferiu cair na tentação do caminho fácil. Em agosto, Simonsen foi substituído por Delfim, ex-ministro que havia conduzido o país durante o milagre econômico de 1968-1974. A crise seria atacada acelerando-se o crescimento, e a inflação controlada com aumento da oferta de alimentos. Para isso, ampliou-se o crédito à agricultura, o que aqueceu a demanda agregada. Num ambiente de início de redemocratização, a insatisfação da classe média diante da alta inflação levou o Congresso a encurtar de anual para semestral o prazo de correção salarial. Essa mudança não apenas constituía um forte choque de custos, como ampliava a indexação da economia.

Em dezembro, numa economia mais indexada e aquecida, adotou-se uma maxidesvalorização de 30%. Ao longo de 1980, a inflação superou a 100%, o que levou à reversão de políticas em outubro. A aventura de 1979-1980 comprometeu mais de uma década de crescimento.

O que poderia Meirelles fazer que Levy não tenha tentado? Dilma lhe permitiria trocar todos os heterodoxos ainda encastelados em Brasília por gente de sua confiança? O PT, que em várias votações de medidas propostas por Levy se juntou à oposição para sabotá-las, seguiria a orientação de Meirelles? Para colocar o país na rota de crescimento seria preciso, além da dolorosa correção dos preços relativos, aprovar reformas profundas como as elencadas no documento intitulado "Ponte para o futuro" divulgado pelo PMDB. Haveria ambiente para isso?

É pouco provável que Meirelles consiga fazer mais do que Levy tem conseguido. Mesmo que receba mais apoio político, seria suficiente para implantar as reformas estruturais de que o país precisa? Além disso, o discurso de seu padrinho é, em essência, o de antiajuste, ou mais sutilmente, o de ajuste e crescimento simultâneos, uma quimera heterodoxa que já se mostrou impraticável em vários momentos no passado. Como escreveu Marx, a história se repete, sendo na primeira vez como tragédia e na segunda como farsa. Dessa vez, parte-se de uma farsa política para gerar mais uma tragédia macroeconômica.

Feliz 2019

16/12/2015

Neste momento em que o país sente as consequências da desastrosa política econômica adotada durante o primeiro mandato de Dilma Rousself, não há motivos para otimismos em relação ao futuro da economia brasileira nos próximos anos.

O ano de 2015 entrará para a história como um dos mais traumáticos da história econômica brasileira. O PIB deverá sofrer queda de cerca de 4%. O mercado de trabalho, que vinha resistindo até início do ano, mergulhou em queda livre, com o desemprego atingindo 8,9% no terceiro trimestre, de acordo com a Pnad contínua. Em 12 meses, foram destruídos 1,5 milhão de postos de trabalho, e tudo indica que esse movimento está se acelerando. Na virada do ano, o desemprego deverá atingir 10%.

A produção industrial em outubro mostra um quadro de terra arrasada. Comparando-se a produção entre janeiro e outubro com igual período do ano anterior, a queda global foi de 8%, tendo sido de 17% no caso dos bens de consumo duráveis, e de 24% no dos bens de capital. A provável queda dos investimentos no último trimestre será a nona queda trimestral seguida. Os indicadores da Sondagem da Construção do Ibre-FGV mostram que o nível de atividade do setor é hoje inferior à metade do observado há dois anos. Onde se olha, a situação é dramática.

Para agravar o panorama, a inflação anual deve aproximar-se de 11%, apesar do desemprego e da recessão. No *front* fiscal, o déficit primário ultrapassará os R$ 110 bilhões. As (más) soluções propostas até agora, como reintrodução do CPMF, não foram aprovadas e não há alternativas à vista.

Se 2015 foi ruim, 2016 não será melhor. A discussão sobre o *impeachment* da presidente Dilma Rousseff e as incertezas envolvendo os novos episódios da Lava Jato indicam a continuidade da atual paralisia decisória, em ambiente político ineditamente conflituoso. Decisões de investimento permanecerão imobilizadas até que seja equacionado o imbróglio fiscal. Este, por sua vez, depende de uma improvável melhoria no quadro político.

Com o agravamento da recessão, setores menos atingidos até o momento, como o de serviços, serão duramente castigados. Os indicadores sociais, que surpreendentemente não pioraram muito até o momento, inevitavelmente começarão a se deteriorar.

No caso da permanência de Dilma Rousseff na presidência, a crise política continuará imobilizando o governo, pois poderá surgir um novo processo de *impeachment* motivado por supostos crimes eleitorais, ou por novas revelações da operação Lava Jato, e a popularidade da presidente dificilmente melhorará. Observaremos, portanto, mais desemprego, menos investimento e mais contração. As previsões para a queda do PIB no ano que vem, que provavelmente levam em conta esse cenário de continuidade política, estão entre 2% e 3%.

A situação econômica futura pode se deteriorar ainda mais, não havendo muito que se possa fazer no próximo ano e, provavelmente, em 2017. Há, no momento, uma quase total incapacidade de o governo ou o Banco Central utilizar qualquer das muitas medidas anticíclicas clássicas. Com um déficit altíssimo, dívida explodindo, bancos públicos contra a parede, Petrobras (e outras estatais) sendo investigadas e/ou excessivamente endividadas, não há qualquer espaço para política fiscal expansionista.

Além disso, se é verdade que a pressão inflacionária desencadeada pela correção de preços administrados será menor em 2016, aquela causada pela maxidesvalorização continuará presente. Numa economia em que o salário mínimo indexa não apenas o menor rendimento do trabalho, mas também despesas previdenciárias e assistenciais, sua correção em torno de 11%, determinada pela regra de atualização em vigor, constitui um grande entrave à queda da inflação. Assim, se algo acontecer no futuro próximo com a política monetária, será na direção de aumentar os juros e contrair o crédito.

Uma segunda razão é a incerteza quanto à permanência de Joaquim Levy à frente do Ministério da Fazenda. Para deter o *impeachment*, Dilma vem se aproximando dos movimentos sociais, cujos pleitos foram ignorados em 2015, e isso implica mais gastos. Dilma repete o que fez Lula após a eclosão do Mensalão em 2005. Naquela ocasião, a retribuição de Lula àqueles movimentos foi a suspensão da tramitação da reforma da previdência dos servidores, que só viria a ser regulamentada por Dilma.

Os movimentos sociais que hoje apoiam Dilma são os mesmos que clamam pela volta imediata do crescimento, que rejeitam o ajuste fiscal, que lutam pelo "fora Levy". Como reagirá Dilma diante dessas pressões? Há no momento, dentro do governo, embate sobre a meta fiscal de 0,7% do PIB com Levy supostamente ameaçando sair se esta for reduzida. Uma eventual saída de Levy adicionaria mais incerteza e pessimismo, e retiraria uma das poucas garantias de que a situação fiscal não se deteriorará ainda mais.

No caso alternativo de vitória do *impeachment*, Michel Temer contaria com a benevolência dos mercados por alguns meses, durante os quais tentaria aprovar reformas como aquelas propostas no programa Ponte para o Futuro. Mas trabalharia contra o tempo, com grande incerteza sobre a formação da coalizão de governo, com parte de sua base de apoio sendo investigada e sofrendo acirrada oposição dos grupos alijados das benesses do poder pelo afastamento de Dilma. Tarefa difícil, pois Temer não teria como reverter o quadro recessivo antes de meados de 2017.

Com *impeachment* ou sem *impeachment*, o ano de 2016 está perdido, e 2017 provavelmente também. A esperança fica para 2018 ou, quem sabe, 2019.

ARTIGOS AVULSOS

Estado mínimo e o patrimonialismo

O Estado de S. Paulo, 3/5/2010

PEDRO CAVALCANTI FERREIRA

Amplos setores da sociedade brasileira, como a esquerda e parte da burocracia governamental, rejeitam a ideia do Estado mínimo, que seria ideologia advogada, entre outros, por economistas de formação mais tradicional, como eu. Para nós, desse grupo, porém, ela não é nem considerada, entre outras razões, pelo simples fato de o Estado mínimo não existir. Sua defesa não faz sentido dentro da moderna teoria econômica. É um mito. Então, por que utilizá-la como argumento? Por manipulação ideológica e recurso de retórica. O ataque àqueles que supostamente o defendem serve, em essência, para dissimular interesses equivocados, quando não escusos. Os que defendem o capitalismo de Estado inventaram esse fictício inimigo, socialmente insensível e politicamente fraco, para evitar defender seus reais motivos.

O contrário do Estado mínimo, por tal retórica, seria a presença estatal nos "setores-chave" ou "estratégicos" da sociedade, grande o suficiente para defender interesses nacionais, gerar desenvolvimento, combater males sociais e resolver os problemas do povo tão sofrido. Aqueles que atacam o fantasma do Estado mínimo e defendem o Estado máximo ignoram ou fingem ignorar que a tradição do Estado no Brasil, desde a colônia, é de transferência de renda para grupos de interesses, associados, parentes e os próximos do poder. São capitanias, sesmarias e cartórios, concessões, rádios para os amigos, grandes (e pequenas) colocações ou rendas vitalícias, fortunas com fornecimentos ou monopólios, extração de renda por licitações, vantagens e outros recursos. É também certa burocracia coroada que considera seu direito arrumar empregos para parentes e amigos, que veem o governo como oportunidade natural e lícita de aumento patrimonial. Estado grande significa grandes oportunidades.

Qualquer curso decente de economia ensina que economias de mercado funcionam imperfeitamente. Ideias como a mão invisível de Adam Smith são perfeitas no papel – espetaculares construções teóricas sujeitas a hipóteses drásticas, como inexistência de oligopólios e informação perfeita para os agentes. Para reproduzir melhor o funcionamento real observado dos mercados, é preciso relaxar hipóteses, resultando em alocações diferentes das ótimas. Nos últimos 30 anos, as áreas de estudo que mais se desenvolveram dentro da moderna teoria econômica foram as que tentam explicar o porquê das imperfeições e as soluções diante delas.

Um bom exemplo é a teoria da regulação. Se, em certas transações econômicas, indivíduos têm informações que outros não têm, agências reguladoras podem e devem impor contratos que ou limitem comportamentos que beneficiam poucos ou disseminem informações. No caso, por exemplo, do banco Lehman Brothers, cuja falência esteve no centro da crise financeira de 2008, os diretores tinham informações que os clientes e acionistas não tinham – a excessiva exposição a ativos arriscados. Uma regulação de livro texto teria evitado ou diminuído os problemas causadores de sua quebra. Excesso de poder de mercado na mão de poucas empresas de um determinado setor pode implicar acordos de preço, prejudicando todos os seus consumidores. Por isso, agências regulatórias devem combater a cartelização e impedir fusões e "consolidações" setoriais que gerem excesso de concentração, como a fusão da Oi com a Brasil Telecom.

Algumas decisões devem ser mediadas ou impostas pelo Estado. É o caso da educação pública. Ricos e pobres devem ter as mesmas chances, e a irresponsabilidade de pais não deve comprometer todo o futuro de uma criança. Assim, o Estado deve intervir oferecendo recursos, "nivelando o campo", igualando oportunidades ou obrigando as crianças a permanecerem na escola.

Há muitos outros exemplos bem estabelecidos. Atividades de benefício coletivo e difícil financiamento privado, como segurança, justiça, defesa, infraestrutura (em certos casos) devem ser ofertadas pelo Estado e financiadas por impostos. Outras causam perdas coletivas e benefícios privados – poluição, por exemplo – e devem ser reguladas. Há questões sociais, como aposentadoria e renda mínima, que exigem alguma presença dos governos. São inúmeros exemplos, mas o ponto é que existe grande gama de atividades em que a atuação do Estado é essencial ou desejável. Disso resultará não o Estado mínimo, mas um tamanho ótimo do Estado.

Há uma tradição do pensamento econômico, que se inicia no século XIX e passa pela escola estruturalista e pela Cepal, que defende intervenção pública na esfera produtiva com argumentos e lógica interna mais sólidos. Por vezes, o debate foi dominado por essas correntes, e políticas do passado – como com JK e o governo militar – foram inspiradas em suas ideias. A discordância, nesses casos, é comum em debates científicos e políticos e faz parte do processo de evolução e embate de ideias. Está a quilômetros de distância da manipulação ideológica que observamos hoje.

Por que mudar a regulação do petróleo que tem funcionado bem? Por que transferir R$ 200 bilhões para o BNDES subsidiar o setor privado? Por que não privatizar atividades que o setor privado opera melhor e a menor custo que estatais? Por que financiar educação superior de ricos? São questionamentos sobre a atividade governamental, atacados como impatrióticos ou antissociais por setores da esquerda que se vestem de defensores do interesse nacional, mas na verdade servem a interesses particulares. São instrumentos para a manutenção de um estado de coisas em que os perdedores não são os supostos defensores do Estado mínimo, mas a população, que assiste, recebendo migalhas, à grande festa patrimonialista brasileira que se perpetua há 500 anos.

O Brasil na encruzilhada

O Globo e O Estado de S. Paulo, 9/4/2011

PEDRO CAVALCANTI FERREIRA E ARMÍNIO FRAGA NETO

O Brasil vive um bom momento de crescimento, a um ritmo de cerca de 4% ao ano nos últimos anos. Mas cabe avaliar se esse processo vai ter continuidade, levando-nos a um produto *per capita* semelhante ao dos países mais avançados, ou se vamos repetir a experiência de 1950 a 1980, quando acabamos batendo num teto e nos espatifando na "década perdida".

Em 1950 o produto *per capita* brasileiro era de cerca de 12% do produto *per capita* norte-americano. Em 1980, no ápice do milagre, nossa produtividade alcança 24% da americana. A partir de então, nosso produto relativo caiu continuamente, chegando a 16% na década de 1990. Desse ponto em diante, o país volta a crescer de forma contínua, atingindo hoje algo em torno de 20% do produto *per capita* americano, sem dúvida um avanço, mas ainda modesto.

Aqueles mais nostálgicos dos tempos do milagre econômico tendem a apontar as políticas nacional-desenvolvimentistas adotadas desde a década de 1950 como a causa principal de nosso crescimento acelerado. Nesse modelo, o Estado ocupa papel central na economia, tanto como produtor direto quanto como indutor de investimentos privados via coordenação e incentivos fiscais e tributários. Há uma articulação entre interesses públicos e privados em setores entendidos como estratégicos e fortes gastos em infraestrutura e formação de capital por empresas estatais. Mais ainda, a produção nacional é protegida da concorrência internacional através de barreiras comerciais e outras.

Há em curso em nosso país, principalmente a partir de 2008, uma tentativa de ressuscitar esse modelo. Isso pode ser visto nas largas transferências do Tesouro para o BNDES, que hoje financia uma fração crescente dos investimentos privados a uma taxa de juros muito abaixo do mercado. Isso pode ser visto nas mudanças no marco regulatório do petróleo, com a Petrobras assumindo um papel ainda maior na prospecção e investimentos do setor (note ainda o alto percentual de compras locais da estatal, o que não leva em conta inteiramente o diferencial de custos). Pode ser visto também na acelerada expansão do crédito por parte dos bancos públicos. De uma maneira ou de outra, aumenta-se a participação do Estado em diversos setores da economia, ao mesmo tempo que se implanta e aumenta a proteção e os subsídios para setores e empresas da iniciativa privada.

A crise de 2008 deu o estofo ou argumento ideológico para a reação nacional-desenvolvimentista. Ela seria o sintoma claro da falência do modelo neoliberal e indicação da necessidade de uma presença maior do Estado. Afinal, deu certo até o final dos anos 1970. Porque não daria agora?

Um problema é que, o que deu certo até 1980 também foi responsável por grande parte dos desequilíbrios e problemas posteriores. Mais ainda, deu certo em termos de crescimento, mas deu errado em termos sociais. Isso pode ser percebido pela péssima distribuição de renda que esse modelo nos legou, além das altas taxas de mortalidade infantil, a baixíssima escolaridade, o alto analfabetismo e índices de pobreza e indigência muito acima do que seria esperado de um país com nosso crescimento e renda *per capita*. Em certo sentido nada além do esperado de um modelo que privilegiava o investimento em capital físico em detrimento dos gastos em capital humano e educação.

A dimensão social, atualmente, está bem encaminhada. A pobreza vem caindo há vários anos de forma estável, a desigualdade de renda caiu para os níveis mais baixos desde 1960 e a renda de parcelas geralmente excluídas dos benefícios do crescimento, como os negros e as mulheres, vem crescendo a taxas chinesas. Há vários fatores por trás disso, destacando-se a estabilidade macroeconômica (que protege os mais pobres), a expansão da educação e uma agressiva política social ao longo dos últimos 16 anos.

Outro problema diz respeito ao próprio crescimento. Hoje sabemos que na fase final do milagre os indicadores de produtividade (em queda) já indicavam certo esgotamento do modelo. Faltou justamente ênfase em produtividade e educação. Ao mesmo tempo, a tentativa de manutenção de taxas aceleradas de crescimento começava a pressionar a inflação e o balanço de pagamentos, um sinal adicional de esgotamento. No fim do milagre, a incapacidade (ou falta de vontade política) do governo em ajustar a economia após inúmeros choques externos – ao contrário, o governo acelerou investimentos – e a extensão e a intensificação da proteção comercial explicam grande parte de nossa estagnação econômica e queda da produtividade posterior.

As semelhanças com o momento atual não são pequenas: passada a crise econômica que justificou aumento anticíclico dos gastos, há grande resistência ao ajuste por parte de vários setores do governo e da sociedade. Há também enorme pressão por medidas protecionistas por parte de grupos que se sentem prejudicados pela concorrência chinesa e pela taxa de câmbio valorizada. Alguns sinais amarelos já são visíveis. A taxa de inflação se aproxima do teto da meta e, fora os preços administrados, a alta de preços é generalizada e atinge inclusive o setor de serviços. O saldo em conta-corrente diminuiu em mais de quatro pontos do PIB, apesar de um ganho de 40% na relação entre preços médios de exportação e importação.

Em boa parte essas tensões espelham desafios fundamentais que se colocam ao país. No topo da lista está a frustrante dificuldade em aumentar a taxa de investimento do país, que vem evoluindo lentamente para os atuais 18,4% do PIB, apesar dos esforços e subsídios do BNDES. Trata-se talvez da maior frustração econômica do governo Lula, que com bom-senso reduziu significativamente o risco político do país, mas, assim mesmo, não conseguiu mobilizar nossos "espíritos animais". A nosso ver, a explicação para tal fenômeno está no par ideologia (de raízes nacional-desenvolvimentistas) e dificuldades de execução (enraizadas em um Estado loteado e ineficiente).

Além da baixa taxa de investimento, o Brasil vive hoje um início de crise no mercado de trabalho. A crise não é a tradicional e terrível falta de emprego, mas sim a falta de trabalho qualificado, em todas as faixas. Uma comparação com a Coreia do Sul pode ser útil. Nos últimos 40 anos, a Coreia foi de uma renda *per capita* 30% inferior à nossa a um nível hoje três vezes maior! Isso foi possível porque a Coreia investiu muito mais e educou mais e melhor do que nós. A escolaridade média subiu de 4,3 anos para cerca de 13 anos (igual à americana), enquanto a nossa foi de dois anos para em torno de 7 anos. Além disso, a qualidade da educação coreana é excelente, enquanto aqui ela é, na média, sofrível. Uma resposta mais eficaz aqui é urgente, nas três esferas de governo.

O Brasil está, portanto, diante de uma encruzilhada. Do jeito que as coisas vão, parecemos caminhar para uma repetição do modelo nacional-desenvolvimentista, mas com uma taxa de investimento inferior à versão original. Em que pese o maior foco atual no social, não custa lembrar que essa opção foi não só excludente socialmente, como gerou uma série de distorções que provocaram a estagnação posterior. Podemos ter alguns anos de vacas gordas, mas estamos fadados a parar longe de completar a convergência para os melhores padrões globais.

Não existe uma única alternativa a esse caminho, mas alguns pontos são essenciais. Como bem indica a Coreia, o Brasil precisa investir e educar mais e melhor. O governo tem de promover as reformas necessárias para contribuir com sua parte, investindo mais e gastando menos, e revalorizando a boa regulação para mobilizar o investimento privado. A promessa da presidente Dilma de aumentar a eficiência do Estado precisa ser cumprida através da ênfase na meritocracia por ela mesma proposta. O atual cobertor curto no campo macroeconômico (inflação e juros altos, câmbio baixo) requer um ajuste fiscal mais convincente, que aborde com coragem as questões de longo prazo. Além de juros mais baixos, o setor privado precisa de um custo Brasil menor, de uma estrutura tributária mais racional e de uma infraestrutura melhor, ao invés de subsídios que não merece. Dessa forma, sobrará mais para programas sociais também. Enfim, há muito em jogo, muito a fazer, pouco tempo a perder. Repetir o passado parece-nos a pior das opções.

A desindustrialização é inevitável?

Valor Econômico, 2/5/2012

RENATO FRAGELLI CARDOSO

A participação da indústria de transformação, medida a preços de 2008, era de 23% do PIB na média de 1973-1976, tendo caído para 16% em 2009-2011. Contribuíram para essa queda a terceirização, que retirou muitos serviços da contabilização do valor adicionado da indústria; a redução do preço internacional dos bens industriais; e o aumento da renda *per capita* brasileira, que elevou mais intensamente a demanda por serviços do que por bens industrializados. A magnitude da queda tem suscitado a defesa de políticas destinadas a contê-la, desconsiderando fatores internacionais e opções nacionais que parecem estruturais.

Até a década de 1950, o Brasil produzia basicamente bens primários. Os preços internacionais dos bens industrializados eram altos, e os dos primários, baixos, pois a indústria mundial concentrava-se na Europa e nos EUA. Dependente da exportação de bens primários, o Brasil enxergou na industrialização a saída para romper o ciclo vicioso da pobreza e eliminar as recorrentes crises cambiais. Não dispondo de capital, mão de obra qualificada ou tecnologia industrial, o Brasil atraiu multinacionais oferecendo, como atrativo, um mercado potencialmente grande que se fecharia aos que não se instalassem no país – quem ficou de fora esperou 30 anos até a abertura promovida em 1990.

O fechamento às importações elevou o preço doméstico dos bens industrializados. Num país cuja educação pública era restrita a poucos, a acelerada industrialização aumentou a procura por mão de obra qualificada, elevando os salários dos trabalhadores de classe média que tinham tido o privilégio de frequentar escolas. Entre 1960 e 1970, o coeficiente de Gini subiu de 0,537 para 0,583. Em 1990, atingiu 0,61. A mesma proteção que estimulou a modernização do país contribuiu para agravar a concentração de renda.

Modelo de industrialização muito distinto foi o da Coreia do Sul. Na década de 1950, enquanto a Coreia investia em educação, qualificando sua mão de obra para a absorção e o desenvolvimento de novas tecnologias, o Brasil preferiu construir uma nova capital federal. Enquanto a flexibilidade do mercado de trabalho coreano promoveu a cooperação entre capital e trabalho, a rígida legislação trabalhista brasileira estimulou conflitos, elevando custos. Enquanto a modicidade do programa previdenciário coreano elevou a poupança a 30% do PIB, a prodigalidade do programa brasileiro manteve a poupança doméstica em apenas 17%, exigindo pesada tributação sobre a folha salarial da indústria. Enquanto o pequeno mercado coreano forçou sua indústria a modernizar-se continuamente para enfrentar a competição externa, o grande mercado brasileiro, insulado da competição estrangeira, desestimulou a inovação.

Entre 1980 e 1994, quando o socialismo deliquescia mundo afora, o fechado Brasil levou uma década e meia renegociando seu modelo de sociedade. A decisão democraticamente tomada em 1988 foi por um país menos desigual. Para domar a gigantesca inflação provocada pela elevação dos gastos sociais, a sociedade brasileira teve de superar alguns tabus, como abrir a economia, privatizar empresas e eliminar monopólios estatais. A nova Constituição forçou a elevação da carga tributária de 25% do PIB em 1988 para 35% atualmente. Para coletar essa imensidão de recursos, uma complexa legislação tributária impõe elevados custos administrativos à indústria – agravados pela incerteza jurídica decorrente da lentidão da Justiça.

Após o colapso do socialismo na década de 1980, as enormes populações asiáticas abandonaram gradualmente a agricultura de subsistência voltando-se para a indústria exportadora. Com trabalhadores recebendo salários que seriam considerados aviltantes pelos sindicatos brasileiros e, mesmo assim, poupando metade do que ganham – pois não terão generosas aposentadorias públicas na velhice –, os custos da indústria são baixos, e a poupança doméstica, alta. A ampliação da oferta chinesa de bens industrializados, acompanhada da retração de sua agricultura, reduziu o preço internacional dos bens industrializados e elevou o dos primários.

O aumento dos preços dos bens primários exportados pelo Brasil, a partir de 2005, foi o principal responsável pela atual valorização da taxa de câmbio. Países com alta poupança conseguem manter uma taxa de câmbio desvalorizada, sem elevar a inflação, pois a expansão monetária gerada quando a autoridade monetária compra moeda estrangeira dos exportadores é, em seguida, revertida pela venda de títulos públicos aos poupadores, sem que seja necessário elevar os juros. Devido à baixa poupança doméstica brasileira, o Banco Central não conseguiu impedir a valorização do real.

O Brasil deveria ter aproveitado a bonança dos elevados preços dos bens primários para semear seu futuro, promovendo uma reforma previdenciária que elevasse a poupança doméstica em 5% do PIB em 20 anos, de modo a viabilizar a redução da carga tributária sobre a indústria, a queda permanente dos juros reais e alguma reversão da taxa real de câmbio. Mas preferiu transformar aquele maná em consumo presente, maximizando a popularidade de seus presidentes. Trata-se de uma decisão democrática legítima, devidamente sancionada pelo eleitor a cada nova eleição, mas com implicações econômicas severas.

Sem uma estratégia consistente de longo prazo, o governo identifica no "tsunami monetário dos países ricos" um bode expiatório internacional para os problemas da indústria. E sai atabalhoadamente em seu socorro com medidas casuísticas – injeção de R$ 300 bilhões no BNDES, ressurreição da indústria naval em detrimento da competitividade da indústria petrolífera, majoração seletiva de IPI sobre importação de industrializados – que aliviam as dificuldades de curto prazo, criando esqueletos para o futuro.

Em resumo, o ambiente externo que historicamente justificou a proteção à indústria – bens primários baratos e industrializados caros – inverteu-se completamente, mas os fatores domésticos que solapam sua competitividade continuam intocados. Um eventual retorno aos preços internacionais do passado dependeria de fatores imponderáveis, como uma desestruturação do modelo exportador chinês – devido a uma Primavera Asiática, por exemplo – ou uma rápida evolução institucional da África que viabilizasse a mobilização de seu potencial de produção dos mesmos bens primários exportados pelo Brasil. São fenômenos improváveis. Segue-se que a preservação da indústria exige escolhas impopulares – a principal é uma ampla reforma previdenciária – que não estão na pauta do governo.

Por que a produtividade do trabalhador é tão baixa no Brasil?

Folha de S.Paulo, 25/1/2015

PEDRO CAVALCANTI FERREIRA

Um trabalhador brasileiro produz, em média, somente um quarto do que produz um trabalhador americano.

De um ponto de vista meramente contábil, essa diferença de produtividade pode ser explicada por três fatores:

1. nossos trabalhadores são menos educados e menos qualificados (isto é, possuem menor "capital humano");
2. esses trabalhadores têm ao seu dispor menos máquinas, equipamentos, estruturas e infraestrutura (isto é, possuem menos "capital físico"); e
3. a ineficiência da economia é tal que trabalhadores com o mesmo capital humano e físico detido por trabalhadores em países avançados produzem menos que estes últimos (isto é, a eficiência produtiva – a "produtividade total dos fatores" no jargão dos economistas – é baixa).

A importância relativa de cada um desses fatores varia de país para país. No caso brasileiro deficiências de capital humano e ineficiência produtiva são dominantes, com peso maior para esta última, isto é, somos pouco produtivos principalmente porque nossa mão de obra é pouco educada (e a qualidade da educação é sofrível) e porque nossa economia sofre de altíssima ineficiência.

Baixa eficiência está associada a fatores institucionais e excesso de distorções, por exemplo, má regulação e burocracia, barreiras comerciais, e à adoção de tecnologias estrangeiras, estrutura tributária distorsiva e trabalhosa, e intervenções discricionárias do governo nos mercados e preços.

Esses fatores, em nosso caso, fazem com que o ambiente de negócios brasileiro esteja entre os piores do mundo e impedem firmas de adotar melhores práticas de negócios e melhores tecnologias. Permitem, ainda, a sobrevivência de firmas pouco produtivas, como aquelas no mercado informal ou outras protegidas por barreiras comerciais ou beneficiadas por créditos subsidiados.

Adicionalmente, estes fatores institucionais e regulatórios impedem o crescimento de firmas potencialmente eficientes e incentivam a especialização em setores nos quais somos pouco competitivos ou não temos ainda *know how* adequado.

O resultado final é uma concentração muito grande de trabalhadores em firmas pouco eficientes e em setores com baixo dinamismo.

Tomemos como exemplo o impacto de barreiras comerciais. Seja porque a indústria pôde comprar melhores insumos e tecnologias, ou porque a competição em setores praticamente monopolizados aumentou, o fato é que o período em que a eficiência e a produtividade do trabalho na manufatura cresceram mais rapidamente em nosso passado recente foi aquele que se seguiu à liberalização comercial de 1988-1990.

Em vários subsetores, a produtividade do trabalho mais que dobrou em 10 anos. Entretanto, no lugar de nos livrarmos dos muitos impedimentos ao comércio internacional que ainda restaram, nos últimos anos regredimos ao reintroduzir maiores barreiras tarifarias e não tarifarias. Cláusulas de componente nacional, por exemplo, não só obrigam empresas a comprar de firmas que não necessariamente são as mais eficientes (e em geral não são) como não incentivam estas últimas a investir em tecnologia, melhoria de processos e inovação. Garantimos, assim, espaço para firmas pouco produtivas.

Má regulação e burocracia são também fatores que afetam negativamente nossa eficiência. Basta comparar com o resto do mundo o custo e o tempo de embarcar um contêiner nos portos brasileiros, pensar nas filas de caminhões aguardando embarque de soja nesses mesmos portos e no tempo (e etapas) para obter uma licença ambiental. Ou considerar, ainda, o longo tempo necessário para abrir uma firma, para conseguir uma licença de construção, a demora em resolver qualquer questão legal, ou o número de empregados necessários em uma empresa para lidar com tributos e regulamentos.

Dessa forma, horas e mais horas de trabalho são utilizadas em tarefas que pouco adicionam ao produto final, contribuindo para a redução geral da produtividade da economia brasileira.

Some-se a isso a baixa qualificação de nossa mão de obra, que faz não só com que se produza de forma menos eficiente uma dada tarefa, como impossibilita que muitas tarefas, métodos e mesmo produtos possam ser levados a cabo devido à escassez de mão de obra especializada.

Em outras palavras, um trabalhador pouco educado ou especializado produz menos que outro mais qualificado, mas este último pode trabalhar em setores de ponta em que aquele outro, com pouca educação, não consegue.

Este último ponto é particularmente importante, porque economias modernas estão se transformando em economias de serviço, mas sem mão de obra adequada não poderemos nos especializar nos serviços mais sofisticados e tecnologicamente avançados; ao contrário, continuaremos a ter uma grande concentração em ocupações pouco produtivas, como empregadas domésticas, camelôs e outros serviços de baixa qualificação.

Considere, por exemplo, o fato de que, do valor agregado final de um iPad, menos de 10% vêm da manufatura do produto. Os outros 90% vêm de serviços como *design*, *softwares*, *marketing*, *branding* etc. O Brasil já possui uma montadora de iPads – uma etapa mecânica que não exige trabalho qualificado – mas os serviços mais elaborados são todos feitos no exterior.

Considere também o fato de que tanto na Coreia do Sul quanto no Brasil, cerca de 65% da mão de obra estão no setor de serviços, mas a diferença de produtividade e de subsetores em que se concentra a produção (sofisticados lá, atrasados aqui) é gritante, e isso se deve em grande medida às diferenças educacionais.

Ensino ignorado

Durante séculos, o Brasil basicamente ignorou a educação e a formação adequada de nossa mão de obra. Embora o quadro hoje seja outro, a média de escolaridade do trabalhador brasileiro ainda é baixa, e a qualidade da educação, sofrível.

O ensino médio brasileiro é, na falta de melhor termo, uma tragédia. É pensado de forma elitista, como uma passagem para o ensino superior, em um país onde a grande maioria da população não ingressa na faculdade. A falta de adequação do ensino médio à realidade do jovem brasileiro faz com que este o abandone antes de terminá-lo, e aqueles que terminam pouco aprendem de útil para sua vida profissional futura.

A expansão do ensino técnico é um alento, mas o ensino médio na forma atual e a baixa qualidade em geral de nossa educação ainda são entraves à qualificação adequada do trabalhador brasileiro. A isso adicione-se uma legislação trabalhista que estimula a rotatividade e, consequentemente, não incentiva as empresas a investirem no treinamento de seus trabalhadores.

Assim, com alta ineficiência econômica, baixa qualificação e educação de má qualidade, não é surpresa que a produtividade do trabalhador brasileiro seja baixa.

E se são observados avanços tímidos na educação (e.g., expansão do ensino técnico), nota-se, por outro lado, um retrocesso na eficiência econômica, devido à adoção de políticas industriais discricionárias e de barreiras comerciais, à intervenção desastrada e contínua do governo em mercados ou ao aumento da complexidade de nosso sistema tributário.

É difícil saber qual será o efeito final, mas dificilmente veremos, no futuro próximo, aumentos significativos da produtividade do trabalho no Brasil, de forma que a distância em relação aos países desenvolvidos continuará grande.

Austeridade, dívida pública e crescimento econômico

Valor Econômico, 28/10/2015

PEDRO CAVALCANTI FERREIRA, JOÃO VICTOR ISSLER
e ROBERTO CASTELLO BRANCO

Governos que não observam a responsabilidade fiscal acabam compelidos pelos mercados a adotar políticas fiscais contracionistas em meio a recessões; é o caso atual do Brasil. Adicionalmente, a indefinição quanto ao programa de ajuste amplia as incertezas provocadas pelo desequilíbrio fiscal, o que magnifica a instabilidade macroeconômica.

A dívida pública bruta como proporção do PIB se elevou significativamente, devendo chegar a 66,5% em 2015, e pode atingir 80% em 2018, o que levanta dúvidas sobre a sustentabilidade no longo prazo. No Brasil, o que mais se parece com uma garantia de sustentabilidade da razão dívida/PIB é a meta de superávit primário. Tomada ao pé da letra, deve-se gerar um superávit pelo menos igual ao serviço da dívida, evitando que nos endividemos para servi-la, o que seria insustentável no longo prazo. Infelizmente, trata-se de uma proteção bastante frágil.

Dada a meta de superávit primário de, por exemplo, 5% do PIB, hipoteticamente podemos atingi-la arrecadando 99% e gastando 94% do PIB ou arrecadando 25% e gastando 20%. Na primeira opção, o PIB será bem menor, pois o governo toma 99% do produto do setor privado! Logo, a meta não limita o gasto público, mas só a diferença entre arrecadação e gasto.

Apesar do uso da regra tender a reduzir o numerador da razão (a dívida), também pode diminuir o denominador (PIB) ou sua taxa de crescimento, o que dificulta a estabilização da razão dívida/PIB. Idealmente, deveríamos buscar regras que *reduzam* o numerador (dívida) e *aumentem* o denominador (PIB).

Estudo de Issler e Lima (*Journal of Development Economics*, 2000) para o período 1947-1992 já revelava que os gastos do governo brasileiro têm comportamento *exógeno vis-à-vis* ao da arrecadação. Além disso, dado um aumento inesperado do gasto, 89% do orçamento são reequilibrados usando-se os impostos correntes e futuros, e apenas 11% via cortes de dispêndios.

Num ambiente em que os gastos saem facilmente do controle e os contribuintes são convocados a fazer um *crowdfunding* involuntário, não surpreenderia a ninguém a trajetória da carga tributária brasileira: de 23% do PIB em 1993 para 35,4% em 2014, muito superior à média das economias emergentes (29,1%) e dos demais Brics (28,4%).

O sucesso de um programa de ajuste fiscal é medido pela capacidade em reduzir déficits e a relação dívida pública/PIB com o mínimo de custos sociais. A literatura econômica, compreendendo estudos com variadas metodologias, aponta claramente que cortes de gastos públicos são muito mais bem-sucedidos do que aumentos de impostos. A indiferença à composição do ajuste é concepção equivocada, pois os multiplicadores fiscais são bem distintos em valor presente: em situações semelhantes ao atual desequilíbrio fiscal brasileiro, cortes de gastos levam à expansão do produto real, enquanto elevações de impostos levam à estagnação/contração do produto real.

Altas de impostos levam à redução de consumo e de investimento privado, e provocam distorções na alocação de recursos que penalizam a produtividade e o crescimento econômico. No Brasil, onde a carga é alta e a estrutura tributária é uma colcha de retalhos, esse efeito tende a ser particularmente forte.

Em contraste, cortes de despesas mostram-se capazes de mudar expectativas, o que afeta positivamente as decisões de consumo e investimento privado. A revisão de percepções leva à queda dos prêmios de risco e, consequentemente, dos custos da dívida pública.

A comparação entre resultados de ajustes fiscais recentes na Itália (aumentos de impostos) e Reino Unido (cortes de dispêndios) é bastante ilustrativa. A Itália sofreu três anos de recessão profunda (2012-2014), enquanto o Reino Unido passou por recessão moderada seguida por forte recuperação desde 2013. Nas alternativas de política fiscal apresentadas pelo governo prevalece a visão contábil: a intenção é produzir superávit primário indiferentemente da composição, com preferência pelo aumento de tributação por ser o caminho mais rápido e fácil no curto prazo.

Ressuscitar a CPMF é prejudicial ao crescimento, pois não elimina expectativas de que novos ajustes, talvez até maiores, tenham de ser realizados no futuro. É inevitável a sensação de *déjà vu*. O fim da CPMF em 2007 foi compensado por aumentos de outros impostos, o que não impediu que oito anos depois o governo demande mais recursos.

Embora a renda da Argentina, relativa aos países ricos, já viesse caindo há alguns anos, a criação por Juan Perón de um Estado infinanciável está na raiz do desastre de crescimento econômico daquele país. Pequenos ajustes guiados por uma visão contábil nos levarão ao mesmo caminho, pois não reverterão a tendência explosiva do gasto público. É hora de despertar e mudar o atual regime de política econômica de viés estagnante.

Por fim, o que a moderna teoria (e a evidência empírica) nos ensina é que o ajuste fiscal como proposto aqui é apenas o primeiro passo em direção a taxas mais elevadas de crescimento. E para gerar uma experiência de desenvolvimento que beneficie de forma permanente os mais pobres – observamos no momento a reversão de muitas das conquistas dos últimos 20 anos –, a meta deve ser a redução dos gastos públicos combinada com reformas estruturais que estimulem ganhos de produtividade.

Nesse contexto, são prioritárias a ampla reforma do sistema educacional, com foco na qualidade e universalização para a primeira infância; a despolitização e modernização da administração pública; a maior abertura da economia ao comércio internacional de bens e serviços e a inserção do Brasil nas cadeias globais de suprimentos; a adoção de programa efetivo de investimento em infraestrutura e a revisão da regulação da energia e meio ambiente, entre muitas outras medidas. Há, portanto, muito a ser feito, e pensar que tudo será resolvido com aumento de impostos é um engano que pode nos custar caro em termos de crescimento e, principalmente, de bem-estar social.

SOBRE OS AUTORES

Pedro Cavalcanti Ferreira – Professor da Escola Brasileira de Economia e Finanças (EPGE) da Fundação Getulio Vargas (FGV) e diretor executivo do Centro FGV Crescimento e Desenvolvimento. Doutor em economia pela University of Pennsylvania em 1993, foi secretário executivo da Sociedade Brasileira de Econometria de 2000 a 2001. É responsável por intensa produção científica nas áreas de macroeconomia, desenvolvimento e crescimento e está entre os mais produtivos acadêmicos brasileiros, com mais de 50 artigos publicados em periódicos nacionais, internacionais e livros. Em 2012, organizou o livro *Desenvolvimento econômico: uma perspectiva brasileira*, para o qual também escreveu dois capítulos. É *visiting professor* do Cerdi (Université d'Auvergne) desde 2012.

Renato Fragelli Cardoso – Professor da Escola Brasileira de Economia e Finanças (EPGE) da Fundação Getulio Vargas (FGV) e doutor em economia pela mesma escola em 1989. Foi *visiting scholar* na University of Pennsylvania em 1989. É docente na EPGE desde 1990, tendo sido vice-diretor de graduação e diretor da escola. Sua pesquisa e atividade docente concentram-se nas áreas de macroeconomia, economia monetária e desenvolvimento econômico.

AGRADECIMENTOS

Gostaríamos de agradecer ao jornal *Valor Econômico*, onde os artigos deste livro foram originalmente publicados, pelo espaço cedido. De forma especial, a Maria Christina Carvalho, ex-editora de opinião que nos fez o convite inicial; a José Roberto Campos, atual editor de opinião e a Violeta Marien Almeida, editora assistente de opinião. Esta última, com grande paciência e gentileza, recorrentemente nos lembra de *deadlines* que via de regra estamos perto de perder. O jornal nos tem dado inteira liberdade de opinião e em nenhum momento interferiu no conteúdo de nossos artigos. Muito obrigado a todos.

A Vera Lúcia Abreu, que organizou e reviu todos os artigos com grande competência, nosso muito obrigado.

O último capítulo do livro reúne cinco artigos que publicamos isoladamente ou com diferentes coautores – Armínio Fraga Neto, João Victor Issler e Roberto Castello Branco –, a quem agradecemos pela autorização para incluí-los em nosso livro.

Este livro foi impresso nas oficinas gráficas da Editora Vozes Ltda.,
Rua Frei Luís, 100 – Petrópolis, RJ.